D1729341

böhlau

Stabwechsel.

Antrittsvorlesungen aus der

Historisch-Kulturwissenschaftlichen Fakultät

der Universität Wien, Band 1

Peer Vries

Zur politischen Ökonomie des Tees

Was uns Tee über die englische
und chinesische Wirtschaft der
Frühen Neuzeit sagen kann

BÖHLAU VERLAG WIEN · KÖLN · WEIMAR

Gedruckt mit Unterstützung durch
das Bundesministerium für Wissenschaft und Forschung
BM.W_F°

Coverbild: Jean-Siméon Chardin, Dame beim Teetrinken, 1735,
Hunterian Museum & Art Gallery, Glasgow; © Hunterian
Museum & Art Gallery, University of Glasgow

Bibliografische Information der Deutschen Nationalbibliothek:
Die Deutsche Nationalbibliothek verzeichnet diese Publikation
in der Deutschen Nationalbibliografie; detaillierte bibliografische Daten sind im Internet über http://dnb.d-nb.de abrufbar.

ISBN 978-3-205-78341-1

© 2009 by Böhlau Verlag Ges. m. b. H & Co. KG.,
Wien · Köln · Weimar
http://www.boehlau.at

Gedruckt auf umweltfreundlichem, chlor- und säurefrei
gebleichtem Papier.
Druck: Impress, SI-1295 Ivančna Gorica

Vorwort des Herausgebers

Mehr noch als andere Fakultäten der Universität Wien befindet sich die historisch-kulturwissenschaftliche gegenwärtig in einem Prozess personeller Erneuerung. Eine ältere Generation geht in ein wohlverdientes langes Freisemester, Vertreter einer jüngeren Generation übernehmen den Stab. Es wechseln aber nicht nur Gesichter, sondern auch Fragestellungen und Ergebniserwartungen. Die Reihe Stabwechsel präsentiert die Antrittsvorlesungen der neuen Kolleginnen und Kollegen und dokumentiert damit gleichzeitig aktuelle Tendenzen auf den Gebieten der in unserer Fakultät vertretenen Wissenschaften.

Die Professur für »Internationale Wirtschaftsgeschichte mit besonderer Berücksichtigung der Globalgeschichte« ist in dieser Form neu. Die Historisch-Kulturwissenschaftliche Fakultät und das Institut für Wirtschafts- und Sozialgeschichte der Universität Wien haben sich 2005, nach der Emeritierung von Herbert Knittler, entschieden, dessen Professur mit dieser Widmung auszuschreiben. Damit trugen sie der Tatsache Rechnung, dass globalgeschichtliche Ansätze in der gegenwärtigen Geschichtswissenschaft zunehmend an Bedeutung gewinnen.

Globalgeschichtliche Orientierungen hatten zu diesem Zeitpunkt an unserer Fakultät bereits eine Jahre zurückreichende Tradition. Nach der Studienplanreform 2002 wurde von Mitgliedern des Instituts für Wirtschafts- und Sozialgeschichte und des Instituts für Geschichte in Zusammenarbeit mit einer Reihe weiterer Institute der Universität

Wien ein Modul Globalgeschichte in Form eines Wahl-fachbündels entwickelt, das unter den Studierenden auf gro-ßes Interesse stieß. Durch eine Vernetzung mit ähnlichen Studiengängen an der London School of Economics, der Universität Leipzig und der Universität Wroclaw konnte ab dem Wintersemester 2005 an der Universität Wien das europäische Master-Studium »Global Studies – A Euro-pean Perspective« etabliert werden, das durch das Erasmus Mundus-Mobilitätsprogramm der Europäischen Union gefördert wird. Die historischen Institute in Wien betei-ligen sich an dieser Kooperation durch das Angebot eines Masterstudiums »Globalgeschichte« (seit 2008 »Global-geschichte und Global Studies«). Dieses Programm hat in den vergangenen Jahren einer beträchtlichen Zahl von Stu-dierenden aus allen Weltregionen die Möglichkeit geboten, zumindest einen Teil ihrer globalgeschichtlichen Studien in Wien zu absolvieren. Gleichzeitig bietet es den Studieren-den und Lehrenden der Globalgeschichte an der Universität Wien eine Vielzahl internationaler Kontakte und Koopera-tionsmöglichkeiten.

Neben diesen institutionellen Weichenstellungen haben die historischen Institute in Kooperation mit den *area stu-dies* eine breite Publikationstätigkeit in Form von Studi-entexten zu einzelnen Weltregionen und Epochen, die aus zahlreichen globalgeschichtlich orientierten Ring-Vorle-sungen hervorgegangen sind, sowie von Einzel- und Sam-melbände zu speziellen globalgeschichtlichen Problemen entwickelt (»Edition Weltregionen«; »Querschnitte«; »Glo-balgeschichte und Entwicklungspolitik«; »Globalgeschichte. Die Welt 1000–2000«).

Peer Vries hatte bis zu seiner im Jahr 2007 erfolgten Be-rufung nach Wien an der Universität Leiden gelehrt und sich durch zahlreiche kritische Besprechungen, die auf einer genauen Beobachtung des sich entwickelnden globalgeschichtlichen Feldes zentriert sind, sowie substanzielle Beiträge zu globalhistorischen Problemen einen Namen gemacht. Er steht durch seine Mitgliedschaft im von der London School of Economics initiierten *Global Economic History Network* als Herausgeber des *Journal of Global History* (Cambridge University Press – seit 2006) und als Gastprofessor an mehreren Universitäten weltweit mit anderen bedeutenden Vertretern der Globalgeschichte in kontinuierlichem Austausch. Vries betreibt Globalgeschichte aus einer wirtschaftsgeschichtlichen Perspektive. Im Zentrum seiner Forschungen steht die Frage nach der ungleichen wirtschaftlichen Entwicklung der einzelnen Weltregionen und Nationen während jenes Zeitraums, der im europäischen Kontext als Frühe Neuzeit bezeichnet wird. Wie auch seine am 30. April 2008 gehaltene und hier abgedruckte Wiener Antrittsvorlesung zeigt, versucht er durch einen systematischen Vergleich der wirtschaftlichen Entwicklungen in England, das als Mutterland der Industriellen Revolution gilt, und China, das, wie neuere Forschungen nahelegen, erst an der Wende vom 18. zum 19. Jahrhundert wirtschaftlich ins Hintertreffen geriet, eine Antwort auf diese große Frage zu finden.[1]

Michael Viktor Schwarz
Dekan

---

[1] Für Hilfe bei der Formulierung des Vorworts sei Erich Landsteiner herzlich gedankt.

Wechselkurse 1680–1850

	1 Pfund Sterling	3 Tael	4 Dollar
In Gramm Silber:			
	111 g	37 g	24 g

Einführung:
Probleme und Herausforderungen
einer neuen Professur

Als Professor für Internationale Wirtschaftsgeschichte mit
besonderer Berücksichtigung der Globalgeschichte und
dem Arbeitsschwerpunkt in der Frühen Neuzeit berufen zu
werden ist schön, aber in vielerlei Hinsicht nicht unproblematisch. Ich denke, man soll Probleme immer als Herausforderungen sehen und Herausforderungen als Chancen.
Die Professur bietet die Chance, an der Schnittstelle vieler
Disziplinen und verschiedener Perspektiven interessante
Analysen zu machen.

Fangen wir mit den Problemen an. Man kann auf nicht weniger als vier hinweisen. Das erste ist, dass man sich fragen
kann, ob es – auf globaler Ebene – Sinn macht, von einer
›Frühen Neuzeit‹ zu sprechen. Diese Terminologie erweckt
leicht den Eindruck, die Neuzeit sei die selbstverständliche,
logische Folge einer Frühen Neuzeit, in der sich schon ihr
Profil ankündigte. Jack Goldstone bestreitet dies in einem
Aufsatz mit dem vielsagenden Titel ›The problem of the
early modern world‹. Das Konzept ›early modern‹ kann
hier als Äquivalent zur deutschen ›Frühen Neuzeit‹ gelten, obwohl der Begriff ›Moderne‹ noch problematischer
ist als ›Neuzeit‹. Bei Goldstone heißt es: »Kurz gesagt hat
die frühmoderne Welt nicht existiert.« Er meint: »… eine
gründliche Analyse der Tatsachen würde zeigen, dass die
›frühmoderne Welt‹ weder ›früh‹ noch ›modern‹ war, ob-

wohl man in Anbetracht der Handelsbeziehungen behaupten könnte, dass es wirklich eine ›Welt‹ war.«[1] Wie wir gleich sehen werden, wird auch diese letzte Behauptung infrage gestellt.

Von einer *internationalen* Wirtschaftsgeschichte zu sprechen ist für diese Zeit ebenfalls nicht unproblematisch. Sind Staat und auch Nation nicht eigentlich neuzeitliche, moderne Phänomene? Ist nicht der Territorialstaat eine Erfindung der Französischen Revolution, genauso wie die Nation und der moderne Staatsbürger? Verfallen wir hier nicht einem schlimmen Anachronismus?[2]

Als nächstes wenden wir uns der Globalgeschichte, im Falle meines Lehrstuhls der globalen Wirtschaftsgeschichte zu. Bedeutet über eine solche zu reden nicht eigentlich, dass man annimmt, in der Frühen Neuzeit habe es eine ›Weltwirtschaft‹ gegeben? Das aber wird von renommierten Wirtschaftshistorikern wie Geoffrey Williamson und Kevin O'Rourke immer wieder nachdrücklich verneint. Nach ihnen entstand diese erst im 19. Jahrhundert: »Die Globalisierung hat nicht vor fünftausend Jahren angefangen und auch nicht vor fünfhundert. Sie begann im neunzehnten Jahrhundert. In diesem Sinne ist sie ein sehr modernes Phänomen.«[3] Viele Autoren, vor allem Wirtschaftswissenschaftler oder Historiker, die sich mit der jüngsten Vergangenheit beschäftigen, würden sogar behaupten, sie sei ein

---

[1] Jack A. Goldstone, »The problem of the ›early modern world‹«, *Journal of the Economic and Social History of the Orient* 41, 3 (1998) S. 249–284, S. 249.

[2] In meinem Aufsatz ›De vroegmoderne staat: een analyse‹, *Leidschrift* 9, 3 (1992/1993) 5–31, habe ich mich schon mit dieser Problematik auseinandergesetzt. Für eine gute Analyse verweise ich auf S.E. Finer, *The history of government* (Oxford und New York 1997) Volume III, Book V.

[3] Kevin H. O'Rourke und Jeffrey G. Williamson, ›When did globalisation begin?‹, *European Review of Economic History* 6 (2002) S. 23–50, S. 47.

weit jüngeres Phänomen. Aber auch Historiker, die sich der Frühen Neuzeit widmen, haben Bedenken. Jan de Vries, einer der renommiertesten Wirtschaftshistoriker der Welt, schreibt in einem empirisch gut untermauerten Aufsatz, der eine Analyse des euro-asiatischen Handels um das Kap der Guten Hoffnung bis 1795 präsentiert, dass die asiatischen Märkte jener Zeit nur durch einen ›dünnen Faden‹ mit Europa verbunden waren.[4] Patrick O'Brien, Professor an der London School of Economics and Political Science, meint in seinem 1982 verfassten, berühmten Aufsatz über den Beitrag der Peripherie zu Europas wirtschaftlicher Entwicklung, »die ganze frühmoderne Periode hindurch blieben Verbindungen zwischen Wirtschaften (sogar innerhalb von Staaten) schwach, verletzlich und anfällig für Unterbrechungen«.[5]

Methodologisch – und das bringt uns zum vierten Einwand – besteht ein grundlegendes Problem meines Lehrstuhls darin, dass man sich fragen muss, ob es in der Frühen Neuzeit für den Wirtschaftshistoriker eigentlich einen Gegenstand gibt. Es gab Produktion, Konsum und Austausch, aber gab es auch eine wirtschaftliche Logik? Gab es eine Wirtschaft, die von der unsichtbaren Hand des Marktmechanismus regiert wurde? Die ›Große Transformation‹, die – laut Polanyi – diese neue Logik herbeiführen würde, war – so heißt es bei ihm weiter – in Großbritannien, dem ersten modernen Land der Welt, erst in den 1830er-Jahren

---

4   Jan de Vries, ›Connecting Europe and Asia. A quantitative analysis of the Cape-route trade 1497–1795‹ in: Dennis Flynn, Arturo Giráldez und Richard von Glahn, Hg., *Connecting Europe and Asia. Global connections and monetary history* (Aldershot 2003) S. 35–106, S. 96.

5   Patrick K. O'Brien, ›European economic development: the contribution of the periphery‹, *The Economic History Review* XXXV (1982) S. 1–18, S. 18.

vollendet worden.[6] Das würde heißen, dass wirtschaftliche Tätigkeiten zuvor in der Regel in Sozialbeziehungen eingebettet waren und Märkte nicht mehr waren als Begleiterscheinungen des Wirtschaftslebens. Polanyi hat niemals bestritten, dass auch vor der ›Großen Transformation‹ Menschen oft kalkulierten, und er wusste natürlich, dass es immer schon Märkte gegeben hat. Was er zu vermitteln versuchte, war, dass eine Marktwirtschaft als selbstregulierendes System, das einzig und allein von Marktpreisen gesteuert wird, historisch ein Novum war und einen Bruch darstellte. Seines Erachtens determinierte normalerweise die Gesellschaft den Markt und nicht andersherum. Eine solche *Marktwirtschaft* könne nur in einer *Marktgesellschaft* funktionieren, wo Arbeit, Boden und Geld ›Waren‹ geworden sind, die speziell für den Verkauf produziert werden. Das war in der Geschichte niemals zuvor die Regel gewesen. Die orthodoxe Wirtschaftswissenschaft und große Teile der Wirtschaftsgeschichte beruhen, laut Polanyi, auf einer stark übertriebenen Auffassung von der Bedeutung des Marktes und des wirtschaftlichen Kalkulierens.

Die Frühe Neuzeit, von der in diesem Text die Rede sein wird, war in Europa, das in Polanyis Werk am ausführlichsten behandelt wird, das Zeitalter des Merkantilismus. Laut Polanyi wurden in diesem Wirtschaftssystem die Märkte in einer genau entgegengesetzten Art und Weise betrachtet, als das in Marktgesellschaften der Fall ist. Das zeigt sich an der enormen Ausweitung des staatlichen Eingreifens in die Wirtschaft. Als sich am Ende des 18. Jahrhunderts in

---

6   Karl Polanyi, *The Great Transformation. Politische und ökonomische Ursprünge von Gesellschaften und Wirtschafssystemen* (Frankfurt am Main 1978). Ursprünglich, *The great transformation. The political and economic origins of our time* (New York 1944).

Großbritannien ein System von selbstregulierenden Märkten abzeichnete, beinhaltete das eine völlige Umwandlung der Gesellschaftsstruktur, was ohne ein aktives Eingreifen der Politik nicht denkbar gewesen wäre. Die ›Große Transformation‹ war *nicht* das logische Endresultat sich immer weiter ausdehnender Märkte, die schließlich die ganze Gesellschaft umfassten.

Obwohl Produkt eines ganz anderen intellektuellen Umfeldes und viel mehr Historiker als Polanyi, vertrat auch Fernand Braudel die Meinung, dass die Marktwirtschaft in der Frühen Neuzeit nur einen bestimmten, sehr kleinen Teil des wirtschaftlichen Lebens in seiner Gesamtheit umfasste.[7] Er unterschied zwischen drei Ebenen. Der Markt war die mittlere davon. ›Unterhalb‹ des Marktes gab es eine Grauzone von Selbstversorgung und Austausch von Gütern und Dienstleistungen im engsten Radius. Er nannte diese Zone, die im Zeichen der Gewohnheit und Wiederholung stand und nicht (voll) in den Kreislauf des Austauschs einbezogen wurde, die ›materielle Kultur‹ oder das ›materielle Leben‹. ›Oberhalb‹ des Marktes befand sich dementsprechend der ›wirkliche‹ Kapitalismus, der von Anfang an multinational war und sich *de facto* oder *de jure* durch Monopolbildung auszeichnete. Die Logik, die hier herrschte, hob sich nicht nur stark von der der Marktwirtschaft ab: Sie stand vielfach sogar in offenem Widerspruch zu ihr. Undurchsichtigkeit und Manipulation des Austausches waren die Regel. Vor allem in Fernhandel und Finanzwelt, wo der Kapitalismus sich wirklich zu Hause fühlte, bildete sich eine Art ›Anti-

---

7   Fernand Braudel, *Sozialgeschichte des 15.–18. Jahrhunderts* (München 1985),
     3 Bände. Ursprünglich, *Civilisation matérielle, économie et capitalisme, XVe–
     XVIIIe siècle* (Paris 1979).

markt‹, wo Verstrickung von Staat und Kapital gang und gäbe waren. Die Kapitalisten brauchten Unterstützung und Privilegien vom Staat. Der Staat brauchte ihr Geld. Der Kapitalismus kann, so behauptete Braudel, nur dann den Sieg davontragen, »wenn er mit dem Staat identifiziert wird, wenn er der Staat ist«.[8]

Wenn man erkennt, dass es auch auf lokalen und regionalen ›Märkten‹ noch immer viel Einmischung und Regulierung gab, wird klar, wie wenig wirkliche Marktwirkung noch im Europa der Frühen Neuzeit existierte, wo, wie viele Wirtschaftshistoriker glauben, der Markt doch weiter entwickelt gewesen sei als irgendwo anders. Der Merkantilismus, der einem *nationalen* Markt den Weg zu bahnen versuchte, schuf auf *internationaler* Ebene zugleich Barrieren. Im internationalen und zweifellos im interkontinentalen Handel, dem allem Anschein nach dynamischsten Bereich der europäischen Wirtschaft der Frühen Neuzeit, überließen die Herrscher nur sehr wenig dem Marktmechanismus. Handel und Politik wurden in jener Zeit einfach nicht getrennt voneinander gesehen. Richard Rabb geht so weit, zu behaupten, dass der Staat und nicht das individuelle Unternehmen im Wettbewerb des internationalen Handels der Frühen Neuzeit die relevante Einheit war.[9] Das mag übertrieben sein, aber Macht – und deshalb sicher auch Krieg – und Wohlstand waren aufs Engste miteinander verknüpft.[10]

---

8   Fernand Braudel, *Afterthoughts on material civilization and capitalism* (Baltimore 1977) S. 64–65.

9   Richard T. Rapp, ›The unmaking of the Mediterranean trade hegemony. International trade rivalry and the commercial revolution‹, *Journal of Economic History* 35 (1975) S. 499–525, S. 515.

10 Siehe den bereits klassischen Text von Jacob Viner, ›Power versus plenty as objectives of foreign policy in the seventeenth and eighteenth century‹, *World Politics* 1 (1948) S. 1–29.

Findlay und O'Rourke weisen in ihrem aktuellen Buch, das nicht zufällig *Power and plenty. Trade, war and the world economy in the second millennium* heißt, mit Recht darauf hin:

> … die größten Expansionen im Welthandel … stammen oft aus dem Lauf eines Maxim-Maschinengewehrs oder sind mit Hilfe der Schneide eines Krummschwertes oder von der Grimmigkeit nomadischer Reiter herbeigeführt.[11]

Zusammenfassend könnte man also sagen, dass es für ›meine Periode‹ nichts oder nur sehr wenig gibt, worüber man streng wirtschaftswissenschaftlich reden kann. Ins Wirtschaftsleben der Frühen Neuzeit griffen einfach zu viele sichtbare Hände ein. Die Form einer angewandten, modernen Wirtschaftstheorie kann die Wirtschaftsgeschichte der Frühen Neuzeit daher *nicht* annehmen. Für eine solche angewandte Ökonomie stünden ohnehin oft nicht genügend und nicht die erwünschten Daten zur Verfügung. Und schließlich würden wahrscheinlich viele in unserer postmodernen Zeit des ›cultural turn‹ noch hinzufügen, dass Wirtschaftsgeschichte wohl ein wenig altmodisch und uninteressant sei.

Antworten

Einmal ganz abgesehen vom Inhaber, sollte es bis hierher bereits klar sein, dass es sich um einen fragwürdigen Lehrstuhl handelt. All dies habe ich während meiner Bewerbung jedoch nicht erwähnt. Wie ich denke, mit Recht. Denn man kann die Sache auch anders sehen. Das Konzept ›Frühe

---

11 Ronald Findlay und Kevin O'Rourke, *Power and plenty. Trade, war and the world economy in the second millennium* (Princeton und Oxford 2007), S. XVIII.

Neuzeit‹ ist ohnehin weniger problematisch als das englische ›early modern era‹, das doch oft als Äquivalent gilt.
In der deutschen Form gibt es zumindest die Allusion auf
den höchst fragwürdigen Begriff ›modern‹ nicht. Aber ich
denke, sogar dem Begriff ›early modern‹ haften nicht notwendigerweise alle Makel an, die Goldstone kritisiert. Man
kann ihn auch ziemlich unproblematisch und pragmatisch
benützen, wie es zum Beispiel John Richards vorschlug.[12]
Er meinte, der Begriff weise auf eine Realität hin oder versuche es doch wenigstens. Die Periode zwischen 1450 und
dem Ende des 18. Jahrhunderts hat, seiner Meinung nach,
weltweit ganz bestimmt gewisse Merkmale: Es bildete sich
eine globale Wirtschaft infolge einer weltweiten Vernetzung
der Kontinente über die Meere. Es entstanden weltweit
große, stabile Staaten. Die Weltbevölkerung wuchs. Der
Boden wurde intensiver genutzt und neue Technologien
verbreiteten sich. Richards ist hier nur ein Historiker unter
mehreren, die mit guten Argumenten untermauern, dass es
tatsächlich eine frühmoderne, integrierte Welt gab, in der
verschiedene Prozesse parallel verliefen.[13]

Und wie problematisch ist der Ausdruck ›international‹
eigentlich, wenn man ihn auf die Frühe Neuzeit anwenden
möchte? Sind Staat und Nation wirklich völlig moderne
Konzepte? Darüber wird heftig diskutiert. Meine Fallstu-

---

12   John F. Richards, ›Early modern India and world history‹, *Journal of World
     History* 8, 2 (1997) S. 197–209.

13   Siehe, zum Beispiel, Joseph Fletcher, ›Integrative history: parallels and in-
     terconnections in the early modern period, 1500–1800‹ in: *Journal of Turkish
     Studies* 9 (1985) S. 37–58; Victor Lieberman., Hg., *Beyond binary histories. Re-
     imagining Eurasia to c.1830* (An Arbor 1997); ders., *Strange parallels: Southeast
     Asia in global context, c. 800–1830. Volume I: Integration on the mainland* (Cam-
     bridge Mass. 2003), und John Darwin, *After Tamerlane. The global history of
     empire* (London und New York 2007).

die wird sich auf die europäische Seite, auf Großbritannien, beziehen. Ich würde behaupten, dieses Land war ab der zweiten Hälfte des 18. Jahrhunderts in vielerlei Hinsicht schon ein Staat und möchte hier auf die Analysen von John Brewer, Patrick O'Brien, Michael Mann, John Hobson und Linda Weiss hinweisen.[14] Der von ihnen analysierte, fiskalisch-militärische Staat fand seinen Höhepunkt während der Napoleonischen Kriege und war *stärker* und *präsenter* als es der britische Staat später im 19. Jahrhundert war. Die Existenz einer britischen Nation wird von verschiedenen Experten auch schon weit vor dem 19. Jahrhundert behauptet. Dazu empfehle ich die Lektüre der Publikationen von Linda Colley und Liah Greenfeld.[15]

In Westeuropa gab es auf jeden Fall klare *Ansätze* zu einer Herausbildung von modernen Staaten und Nationen. Es lässt sich darüber diskutieren, wie ›modern‹ frühmoderne Staaten und Nationen waren, nicht aber darüber, ob der Merkantilismus als eine von Zentralregierungen verfolgte Politik existierte, die man, wie Schmoller und Heckscher schon betonten, am besten als ›wirtschaftlichen Nationalismus‹ kennzeichnen kann. Persönlich würde ich so weit gehen, zu behaupten, dass man das Wirtschaftsleben Europas jener Zeit ohne Merkantilismus einfach nicht verstehen kann und daher auch Staat und Nation die notwendige

---

14 John Brewer, *The sinews of power. War, money and the English state, 1688–1783* (London 1988); für O'Briens Publikationen siehe seine Website an der London School of Economics and Political Science; Linda Weiss und John M. Hobson, *States and economic development. A comparative historical analysis* (Cambridge 1995); Michael Mann, *The sources of social power. Volume Two. The rise of classes and nation states, 1760–1914* (Cambridge 1993).

15 Linda Colley, *Britons. Forging the nation, 1707–1837* (New Haven und London 1992), und Liah Greenfeld, *Nationalism. Five roads to modernity* (Cambridge Mass. und London 1992).

Aufmerksamkeit widmen muss. Sogar das Hauptwerk von Adam Smith, dem großen Befürworter des freien Marktes, der übrigens als Zollinspektor der Regierung starb, ist eine Untersuchung über die Natur und die Ursachen vom Wohlstand der *Nationen*. In Großbritannien – und auch in den Werken von Marx – war viel die Rede von *political economy*. Im deutschsprachigen Raum ist die Verbindung zwischen Wirtschaft, Wirtschaftswissenschaft und Volk und Staat nicht zu übersehen: hier sprach man lange Zeit gerne von *Volks*wirtschaftslehre und *National*ökonomie. Das griechische Word οίκος, wovon die Wirtschaftswissenschaft die Gesetze (νομοί) zu suchen behauptet, weist auch nicht auf vereinzelte Individuen hin, sondern auf Haushalte. Die (früh)moderne ›Ökonomie‹ ist die Haushaltskunde des Super-Oikos, das heißt des Staates.[16] Ich würde meinen, Staat und Nation sind in der Frühen Neuzeit wichtige Kategorien für die Wirtschaftsgeschichte Großbritanniens.

In dieser Hinsicht gibt es große Unterschiede zur Welt außerhalb Europas. Für China, das nicht-europäische Land, auf das ich mich in diesem Text beziehe, ist der moderne Nationsbegriff für die Frühe Neuzeit sicher unangemessen, wobei das politische Gebilde dieses Reiches ohne Zweifel auch einen ganz anderen, in Westeuropa unüblichen Charakter hatte. Die Wirtschaftspolitik der chinesischen Regierung war alles andere als merkantilistisch. In einem vergleichenden Ansatz macht dies aber die Benützung der Kategorien Staat und Nation nur noch interessanter.

Auch wenn es darum geht zu entscheiden, ob es eine frühmoderne Welt-Wirtschaft gegeben hat, besteht kein

---

16   Leonard Bauer und Herbert Matis, *Geburt der Neuzeit. Vom Feudalsystem zur Marktgesellschaft* (München 1988), Teil Zwei: Der Staat als Super-Oikos.

Konsens. Von den Gegenargumenten kann man sich anhand der gegebenen Zitate leicht ein Bild machen. Es fehlt aber nicht an guten Argumenten, um die Existenz von weltweiten wirtschaftlichen Verknüpfungen anzunehmen und zu meinen, dass sie große historische Bedeutung hatten, auch wenn sie nicht den strengen Kriterien, wie sie von Williamson und O'Rourke postuliert wurden, genügen. Wer wie sie Marktintegration und Preiskonvergenz als Maßstab nimmt, kann wohl tatsächlich nur den Schluss ziehen, es hat damals keine integrierte Weltwirtschaft gegeben. Dieser Maßstab ist aber so streng, dass man sich auch fragen könnte, ob die heutige Welt eigentlich schon globalisiert ist. Was ihre Einwirkung auf das Alltagsleben und auf die gesamte Produktionsweise betrifft, waren interkontinentaler Handel und interkontinentale Migration für die meisten Regionen des Globus noch relativ marginale Phänomene. Aber dies gilt nicht für alle Regionen und nicht immer in gleichem Maße.

Ich bezweifle, ob Debatten über die Frage, wann die Globalisierung angefangen hat, überhaupt sinnvoll sind. Denn alles hängt von Ort, Zeit und den herangezogenen Kriterien ab. Pauschale Statements, dass es sie gibt oder nicht gibt, sind nicht sehr hilfreich. Wenige würden so weit gehen wie Frank und Gills, die betonen, es existiere schon seit ein paar tausend Jahren ein Weltsystem.[17] Damit wird der Begriff Globalisierung doch wohl zu vage. Dennis O. Flynn und Arturo Giráldez, die nicht müde werden hervorzuheben, dass die Globalisierung 1571 begann, als eine direkte und permanente Verbindung zwischen den Amerikas und

---

17 A.G. Frank und Barry K. Gills, ›The five-thousand year world system: an introduction‹, *The Humboldt Journal of Social Relations* 18, 1 (1992) S. 1–79.

Ostasien hergestellt wurde, sind wieder etwas zu präzise.[18] Aber dass sich mit der europäischen Expansion in der Frühen Neuzeit etwas Grundlegendes für die Wirtschaft der Welt geändert hat, das man nicht einfach mit Kriterien wie ›Marktintegration‹ oder ›Preiskonvergenz‹ vertuschen darf, steht doch wohl fest.

In dieser Hinsicht ist es schon bedeutungsvoll, dass derselbe Kevin O'Rourke, der mit Geoffrey Williamson so gern betont, es habe keine integrierte Weltwirtschaft vor 1820 gegeben (und auch dann eigentlich nur eine ›Atlantische‹), in seinem zuletzt gemeinsam mit Findlay verfassten Buch schreibt:

> Darstellungen, die den Aufstieg des Westens völlig aus internen Entwicklungen erklären, sind hoffnungslos inadäquat, da sie das riesige Netzwerk von Verbindungen zwischen Westeuropa und dem Rest der Welt, das sich über viele Jahrhunderte bildete und das für den Durchbruch zum modernen Wirtschaftswachstum von fundamentaler Bedeutung war, ignorieren.[19]

Auch O'Briens Position ist weniger eindeutig als oft behauptet wird. Das von ihm angeführte Zitat stammt aus dem Jahr 1982. In den darauf folgenden Jahren hat er seine Position in vielerlei Hinsicht geändert. So schrieb er unter anderem, dass auf jeden Fall für Britannien schon im 18. Jahrhundert untrennbare (sic! Peer Vries) Verbindun-

---

18 Dennis O. Flynn und Arturo Giráldez, ›Born with a silver spoon: the origin of world trade in 1571‹, *Journal of Word History* 6 (1995) S. 201–221, oder dieselben, ›Globalization began in 1571‹, in: Barry Gills und William Thompson, Hg., *Globalization and global history* (London und New York 2006) S. 232–247.

19 Findlay und O'Rourke, *Power and plenty*, S. XX.

gen zwischen Handel, Wirtschaft, Steuerstaat und Empire existierten.[20] Man ist also in guter Gesellschaft, wenn man behauptet, es gebe gute Gründe, doch von einer wirtschaftlichen Globalisierung in der Frühen Neuzeit zu sprechen.

Wirtschaftsgeschichte: Institutionen und Ressourcen

Das bringt uns zum methodologischen Einwand, den man gegen die Beschreibung meiner Professur vorbringen könnte: die Behauptung, dass Wirtschaftsgeschichte in einem frühmodernen Kontext nicht die Gestalt einer angewandten, modernen Wirtschaftslehre annehmen kann. Ich kann nur sagen, dass dies stimmt, aber ebenso für einen *modernen* Kontext zutrifft. Die Effizienz der unsichtbaren Hand wird zwar von vielen Wirtschaftswissenschaftlern, internationalen Organisationen und Lobbys der Geschäftswelt andauernd besungen: in der Praxis ist das Eingreifen in die Wirtschaft mehr Regel als Ausnahme, auch im sogenannten Kapitalismus. Dass der Markt, frei oder nicht frei, ganz schnell dazu tendiert, Monopole oder wenigstens Oligopole zu bilden, ist jedem klar, der jemals tatsächlich kapitalistische Ökonomien analysiert hat.

Polanyi war der Meinung, dass sich in Großbritannien der 1830er-Jahre zum ersten Mal in der Weltgeschichte eine Marktgesellschaft gebildet hatte. Jedoch fügte er hinzu, dass keine Gesellschaft die Auswirkungen eines derartigen Systems auch nur kurze Zeit ertragen könnte. Die britische Gesellschaft fing, so behauptete er, sofort an, sich selber zu schützen und die Gesellschaftsgeschichte des 19. Jahrhun-

---

20 Patrick Karl O'Brien, ›Inseparable connections: trade, economy, fiscal state, and the expansion of empire, 1688–1815‹, in: P. J. Marshall, Hg., *The Oxford History of the British Empire. Volume II. The eighteenth century* (Oxford und New York 1998) S. 53–77.

derts wurde so das Ergebnis einer Doppelbewegung: der riesigen Ausbreitung von Märkten und Marktorganisationen auf der einen und der Versuch, den Marktmechanismus einzuschränken, auf der anderen Seite. Kritiker haben darauf hingewiesen, dass er den Kontrast zwischen der Welt *vor* und jener *nach* der ›Großen Transformation‹ zu stark zeichnete. Der Markt und das Marktdenken waren vor dem neunzehnten Jahrhundert wichtiger als in seinem Werk dargestellt. Braudel, unser zweiter Gewährsmann, wenn es darum geht, die Bedeutung des Marktmechanismus in der Wirtschaftsgeschichte zu relativieren, beschreibt zwar den ›geschichteten‹ Charakter der Wirtschaft der Frühen Neuzeit, deutet aber an, dass eine solche Differenzierung in materielles Leben, Wirtschaft und Kapitalismus auch zu seinen Lebzeiten existierte und dass der Markt auch derzeit nur einen Teil der ganzen Wirtschaft bilde.

Reine Marktwirtschaften, wie man ihnen im Lehrbuch begegnet, hat es niemals gegeben und hätte es sie gegeben, so wären sie schnell verschwunden.[21] Der koreanische Wirtschaftswissenschaftler Ha-Joon Chang bemerkte zu Recht, das *Laisser-faire*-Denken sei meistens die nach außen getragene, aber bezüglich der eigenen Position sehr selektiv respektierte Ideologie des Stärkeren. Nur diesem kann es als gute Idee erscheinen, für offenen Wettbewerb zu plädieren. In dieser Hinsicht möchte ich darauf hinweisen, dass der Staat, zum Beispiel auch jetzt, nach Jahrzehnten von neoliberaler Ideologie, in der Wirtschaft immer noch sehr prominent ist. Es gibt momentan auf der Welt mehr Gesetze und mehr Steuern als je zuvor. Der Anteil von Steuer-

21   Ha-Joon Chang, *Kicking away the ladder. Development strategy in historical perspective* (London 2002).

einnahmen am Bruttosozialprodukt der OECD-Länder hat auf jeden Fall über die letzten dreißig Jahren zugenommen.[22] Ökonomie meint zu einem ganz großen Teil noch immer *National*ökonomie. Der Staat ist die Super-Institution, und was für ihn gilt, gilt für alle Institutionen. Ein Wirtschaftshistoriker, der *Historiker* sein möchte, darf deshalb in seinen Analysen Institutionen nicht einfach ignorieren oder sie als bloße ›Gegebenheit‹ betrachten. Sie sind sowohl Teil dessen, was er erklären möchte, als Teil seiner Erklärung. Wer von Institutionen redet, redet notwendigerweise von Politik und Kultur. Institutionen sind die formellen und informellen Regeln, die in einer Gesellschaft gelten. Formelle Regeln sind Folgen politischer Entscheidungen. Das bedeutet, dass eine Öffentlichkeit involviert ist. Die Durchsetzbarkeit solcher formellen Regeln ist letzten Endes abhängig von ihrer Kompatibilität mit informellen Regeln und diese sind wiederum kulturbedingt.[23] Dies bedeutet, dass letzten Endes ein Wirtschaftswissenschaftler eigentlich genauso wenig wie ein Wirtschaftshistoriker ohne institutionelle Analysen auskommen kann.

Wirtschaftswissenschaftler denken an dieser Stelle vielleicht, ich biete eine Karikatur ihrer Disziplin. Die Neue Institutionelle Ökonomie ist ja ein populärer Ansatz geworden und die Einbettung des Marktes in Institutionen ist das zentrale Thema ihrer Analysen schlechthin. Das stimmt:

---

22   *The Economist. Economic and Financial Indicators* October 23, 2008. Ich behauptete dies in meiner Antrittsvorlesung, als von einer riesigen Finanzkrise und massiven Staatsinterventionen noch gar nicht die Rede war.

23   Stefan Voigt, *Institutionenökonomik* (München 2002). Vgl. Peer Vries, The role of culture and institutions in economic history: Can economics be of any help? http://www.lse.ac.uk/collections/economicHistory/GEHN/GEHN-Workshops.htm, unter Konstanz 2004.

doch leider bietet sie, so meine ich, dem Historiker der Frühen Neuzeit kaum Aushilfe. Für diese Zeit kann sie fast nie erklären, wieso die Institutionen sind, wie sie sind, und machen, was sie machen. Es fehlt zum Beispiel eine Theorie über den Staat, die erklären kann, wie sich ein Staat verhält, dessen einziges Ziel *nicht* die Optimierung des Funktionierens des Marktes ist. In der Frühen Neuzeit machte der Staat fast nie, was neoklassische und institutionelle Ökonomen dekretieren. Ich schreibe bewusst dekretieren, weil institutionelle Ökonomen oft eher normativ als deskriptiv oder erklärend vorgehen. Was dazu führt, dass sie Staaten der Frühen Neuzeit nur als ziemlich irrationale, selbstsüchtige Banditen mit festem Wohnort sehen können.[24]

Man kann sich nichtsdestoweniger natürlich nur darüber freuen, dass jetzt auch Wirtschaftswissenschaftler Institutionen und damit der Politik, den sozialen Strukturen und der ›Kultur‹ systematisch Aufmerksamkeit widmen. Wie so oft in der Wissenschaftsgeschichte sieht man aber leider auch hier, dass ›Neugestalter‹ die Angewohnheit entwickeln, zu übertreiben. Und so gibt es heute Wirtschaftswissenschaftler, die die Meinung vertreten, Institutionen erklären (fast) *alles*. Einer der einflussreichsten unter ihnen ist Mancur Olson.

> Die einzig verbleibende plausible Erklärung für die großen Unterschiede im Wohlstand der Nationen liegt in den Qualitätsunterschieden ihrer Institutionen und der jeweiligen Wirtschaftspolitik.[25]

---

24 Für das Konzept ›stationary bandit‹ siehe Mancur Olson, *Power and prosperity. Outgrowing communist and capitalist dictatorships* (New York 2000).

25 Mancur Olson, ›Big bills left on the sidewalk‹, *Journal of Economic Perspectives* 10, 2 (1996) S. 3–24, S. 19.

Für die Frühe Neuzeit führt ein fast exklusiver Fokus auf Institutionen zu weit. Die damalige Welt war eine organische, ›malthusianische‹ Welt. Das heißt, dass die Wirtschaft viel stärker, als das seit der Industrialisierung – wenigstens bis heute! – je der Fall war, abhängig war von vorhandenen Ressourcen, deren Nutzung wiederum stark von der geografischen und ökologischen Lage abhängig war. Manche Wirtschaftswissenschaftler sehen das ein. Findlay und O'Rourke weisen explizit darauf hin, dass Wirtschaftswissenschaftler die Geografie wieder verstärkt beachten sollten.[26] Historiker der Frühen Neuzeit braucht man von der Wichtigkeit der Geografie und Ökologie nicht (mehr) zu überzeugen. Im Allgemeinen kann man von einer Wiederentdeckung der Geografie in der Geschichtswissenschaft sprechen. Unter Globalhistorikern ist ein geografischer/ökologischer Ansatz besonders populär geworden.[27] Auch hier könnte man behaupten, er sei sogar *zu* populär geworden. Und hier muss man gar nicht einmal Arbeiten wie Jared Diamonds *Arm und Reich* zitieren, wo die Gefahr eines geografischen Determinismus evident ist.[28] Ich denke hier eher an den Hang vieler Globalhistoriker, in ihren Erklärungen, in scharfem Kontrast zu institutionellen Ökonomen, Ressourcen gerade außerordentlich viel Aufmerksamkeit zu widmen, und die Tatsache, dass eine Region arm oder reich ist, fast ausschließlich damit zu erklären, dass sie über gewisse Ressourcen verfügt oder nicht.

---

26 Findlay und O'Rourke, *Power and plenty*, S. XX–XXI.
27 Jerry Bentley, ›Web Browsing‹, *History and Theory* 44 (2005) S. 102–112.
28 Jared Diamond, *Arm und Reich* (Frankfurt am Main 1998). Ursprünglich, *Guns, germs and steel. A short history of everybody for the last 13,000 years* (London 1997).

Andre Gunder Frank ist hier, wie immer, sehr explizit. Für ihn wird die Dynamik der Geschichte von fundamentalen wirtschaftlichen Kräften, auf die Institutionen nur eine Reaktion bilden, angetrieben. In seinen Erklärungen benützt er ein demografisch-ökonomisches Modell, in das nur Angebot-Nachfrage-Relationen und relative Faktorpreise einbezogen sind. Politik, institutionelle Gefüge und Kultur bleiben vollkommen unbeachtet.[29] Kenneth Pomeranz, Autor des wahrscheinlich am meisten diskutierten Buches in der globalen Wirtschaftsgeschichte der letzten zehn Jahre, kann sicherlich auch zu dieser Kategorie gezählt werden. Er ist der Meinung, dass niemand, der erklären möchte, wieso Großbritannien sich industrialisierte und China nicht und wieso im 19. Jahrhundert eine große Kluft (Divergence) zwischen diesen beiden Ländern entstand, um die Tatsache umhinkommt, dass Großbritannien Kohlen und Kolonien hatte und China nicht.[30] Robert Marks fasst Pomeranz' These, wieso der Westen sich als Erster industrialisierte und eine Lösung für seine malthusianischen Probleme fand, pointiert und wohl zu plakativ zusammen:

---

29 Andre Gunder Frank, *ReOrient. Global economy in the Asian age* (Berkeley, Los Angeles und London 1998).

30 Kenneth Pomeranz, *The great divergence. Europe, China, and the making of the modern world economy.* (Princeton 2000). Siehe meine Rezension ›Are coal and colonies really crucial? Kenneth Pomeranz and the Great Divergence‹, *Journal of World History* 12 (2001) S. 407–446. Vgl. den Kommentar von Eric Jones: »*The Great Divergence* is intensively materialist, basing world history on relative resource constraints. No credence is placed in the force of ideas … nor in the special characteristics of European science and technology, nor yet in the state and its politics«, in: ›Time and culture in old-world economics‹, *Journal of Economic History* 60 (2000) S. 856–859, S. 858.

… es gibt keinen Grund anzunehmen, dass Chinesen und Inder (oder andere Völker mit fortgeschrittenen Volkswirtschaften der alten Ordnung, wie etwa die Japaner) nicht fähig gewesen wären, diese Probleme in ähnlicher Weise zu lösen. Ihnen fehlten lediglich [sic! Peer Vries] Kohle und Kolonien.[31]

Auch die Verfechter von Marx' ›ursprünglicher Akkumulation‹ fallen in diese Kategorie. Hierzu zählen die heutigen Vertreter der ›Williamsthese‹, die das Entstehen und die Blüte des westlichen Kapitalismus direkt mit der Ausdehnung der Sklaverei in Amerika verbindet, wie auch die Anhänger von Wallersteins ›Welt-System Analyse‹, die besagt, reich und entwickelt wird, wer sich billig Ressourcen und Arbeit anderer, in diesem Falle Ressourcen und Arbeit der Bewohner anderer Kontinente, aneignet. Auch das in der globalen Wirtschaftsgeschichte sehr populäre Verfahren, andauernd darauf hinzuweisen, dass Europa so viel Gold und Silber aus Amerika geholt und nach Asien exportiert hat, weist auf eine Betonung der bloßen Akkumulation hin.

Jack Goldstone meint dagegen zu Recht, dass der strukturelle Unterschied zwischen Reich und Arm auf Weltebene sich so nicht erklären lässt: nicht die Menge der Ressourcen, sondern die Produktivität zählt auf Dauer.[32] Diese ist abhängig von der Produktionsweise und kann dank Innovation steigen. Somit ist Innovation, wie schon Joseph Alois

---

31 Robert B. Marks, *Die Ursprünge der modernen Welt. Eine globale Weltgeschichte* (Darmstadt 2006) S. 143. Das Buch hieß nicht zufällig ursprünglich *The origins of the modern world. A global and ecological* [sic, Peer Vries] *narrative* (Lanham 2002).

32 Jack A. Goldstone, *Why Europe? The rise of the West in world history, 1500–1850* (New York 2008) S. 65–70.

Schumpeter behauptete, der wirkliche Motor der Wirtschaft.[33] Nur sie kann *andauerndes* Wachstum herbeiführen. Arme Länder sind nicht einfach reiche Länder mit weniger Mitteln und reiche Länder nicht einfach arme Länder mit mehr Mitteln. Portugal und Spanien, die frühneuzeitlichen Spitzen-Plünderer, sind nichtsdestoweniger als Länder arm geblieben. Die Niederlande, von Natur aus nicht unbedingt überproportional gut ausgestattet, waren bis 1820 mit hoher Wahrscheinlichkeit das reichste Land der Welt. Viele Historiker haben Chinas Probleme im 19. Jahrhundert mit der Übervölkerung des Landes in Zusammenhang gebracht. Aber Japan war damals sogar noch dichter bevölkert, und doch gelang dort noch während des Meiji-Regimes (1868–1912) ein Durchbruch.

Die (globale) Wirtschaftsgeschichte kann sich also an Vorgehensweisen orientieren, die davon ausgehen, dass Institutionen den Schlüssel zur Beantwortung aller wichtigen Fragen bieten *und* an Vorgehensweisen, die davon ausgehen, dass die Ressourcenlage ausschlaggebend ist. Die Wahl fällt meistens nicht willkürlich aus: Diejenigen, die den Westen für etwas Besonderes halten, legen meist viel Augenmerk auf Institutionen, während jene, die den ›Eurozentrismus‹ bekämpfen möchten, sich verstärkt auf Ressourcen konzentrieren.

Beide Positionen sind Extreme und deshalb zu vermeiden. Ressourcen markieren, wie Braudel es formulierte, die Grenzen des Möglichen und des Unmöglichen.[34] Was wir in diesem Bereich brauchen, sind nicht pauschale, allgemeine

---

33   Joseph A. Schumpeter, *Theorie der wirtschaftlichen Entwicklung* (Berlin 1911).
34   Das ist der französische Titel des ersten Teils seiner *Sozialgeschichte des 15.–18. Jahrhunderts*.

Thesen, sondern konkrete Fallstudien und Überlegungen, wie man sie zum Beispiel in Francesca Brays Buch über Reiswirtschaften oder auch in Michael Mitterauers Analyse der Agrarrevolution des Frühmittelalters findet.[35] Ich würde meinen, Wirtschaftsgeschichte sollte auf jeden Fall auch Ressourcengeschichte sein und dem ›materiellen Leben‹, so wie Braudel es definiert, viel Aufmerksamkeit widmen. Und auch hier sollte man den Kontrast zwischen der Frühen Neuzeit und der heutigen Zeit, auch wenn dieser nicht zu übersehen ist, nicht übertreiben. Die Zeit, in der man davon ausgehen konnte, Wachstum sei nachhaltig, weil Ressourcen immer ›zu Verfügung‹ stehen würden, ist längst vorbei. Malthus ist sozusagen wieder quicklebendig.

Ein globalgeschichtlicher Ansatz

Das waren ein paar Erwägungen zu der Frage, wie man vernünftig Wirtschaftsgeschichte der Frühen Neuzeit schreiben kann. Ein paar Erwägungen in Bezug auf die Globalgeschichte dürfen hier nicht fehlen. Meiner Ansicht nach ist Globalgeschichte nicht alleine, und nicht einmal primär Geschichte der Globalisierung. Eine derartige Geschichte der interkontinentalen Verknüpfungen ist sicherlich auch für die Frühe Neuzeit interessant und relevant. Man sollte aber nicht übertreiben und behaupten, es hätte eine integrierte, frühneuzeitliche Weltwirtschaft gegeben, die wie ein mit eigenständiger Logik ausgestattetes System funktionierte. Man sollte sich hüten, Verknüpfungen so stark zu betonen, dass die interne Dynamik der studierten Länder

---

35 Francesca Bray, *The rice economies. Technology and development in Asian societies* (Berkeley, Los Angeles und London 1986); Michael Mitterauer, *Warum Europa? Mittelalterliche Grundlagen eines Sonderwegs* (München 2003) Kapitel 1.

völlig verschwindet hinter der angeblichen Logik einer globalen Wirtschaft.

Folgendes Zitat von Andre Gunder Frank gibt genau an, welche Position ich *nicht* vertreten möchte:

> Wie man nicht genügend wiederholen kann: es ist das Ganze (das mehr ist als die Summe seiner Teile), das mehr als irgendetwas Anderes die ›innere‹ Natur seiner Teile und ihre Beziehungen zu einander determiniert.[36]

> Denn nur das Studium der fortbestehenden Struktur des einzigen Weltsystems kann die Wies, Weshalbs und Wozus der Entwicklung, des Aufstiegs und des Unterganges eines jeden Teils des Weltsystems, ob es Europa, America, Afrika, Asien, Ozeanien und/oder irgendeinen Teil davon betrifft, erläutern.[37]

Mindestens genauso wichtig wie Verknüpfungsgeschichte ist für mich der Vergleich zwischen (Teilen von) verschiedenen Zivilisationen auf verschiedenen Kontinenten. Je nach Interpretation aber bietet ein globalgeschichtlicher Ansatz eine Erweiterung der Datenbank des Historikers und eine Korrektur der fast exklusiven Beschäftigung mit dem Westen, seinem Platz und seinen Aktivitäten in der Welt – Themen, die die westliche Geschichtswissenschaft zu lange gekennzeichnet haben. Sowohl verknüpfende Globalgeschichte als auch vergleichende Globalgeschichte sind absolut notwendig. Ein klassisch ›eurozentrischer‹ Fokus wäre, selbst wenn man davon ausginge, dass der Westen eine

---

36 Frank, *ReOrient*, S. 70.
37 Frank, *ReOrient*, S. 329.

Zeit lang der einzige Ort gewesen sei, der Geschichte hatte und Geschichte machte, moralisch verwerflich und würde die wissenschaftlichen Erkenntnismöglichkeiten stark einschränken. Je klarer es wird, dass es keine Völker ohne Geschichte gibt, desto unsinniger erscheint es, Geschichte *nicht* global zu betreiben.

Das bringt uns in einer Vorlesung wie dieser unvermeidlich zum Thema Eurozentrismus. Ein Thema, das ich für nicht besonders spannend halte und das meistens zu wenig ertragreichen Debatten führt. In gewisser Hinsicht ist auch ›meine‹ Globalgeschichte anti-eurozentrisch, allerdings in einem apolitischen, wissenschaftlichen Sinn. Der *politische* Anti-Eurozentrismus ist zu einer rituellen Selbstgeißelung verkommen. Es gibt gute Gründe, einen Eurozentrismus abzulehnen, der auf Arroganz oder auf der Überzeugung, Europa sei so einzigartig, dass Entwicklung nur dort stattfinden *konnte* oder sogar *musste*, basiert. Aber ist ein derartiger Eurozentrismus inzwischen nicht längst ein Scheingegner geworden?

Was jetzt eher droht, ist ein Ausschlagen in die entgegengesetzte Richtung. Andre Gunder Frank wiederholte unerbittlich, dass Europa in der Weltwirtschaft bis in die zweite Hälfte des 18. Jahrhunderts ein marginaler Spieler mit einem ständigen Defizit in seiner Handelsbilanz zu Asien blieb und dass es ohne Zugang zu den Edelmetallen Amerikas so gut wie überhaupt keine Rolle im Welthandel gespielt hätte.[38] Um sicherzustellen, dass jeder seine Botschaft versteht, schreibt er: »Die Europäer haben *nichts* [Be-

---

38 Frank, *ReOrient*, S. 75. Die Tatsache, dass es ohne Europäer in der Frühen Neuzeit keinen Welthandel gegeben hätte, ließ er bequemlichkeitshalber außer Betracht.

tonung Peer Vries] – schon gar nicht ihre Modernisierung – aus eigener Kraft geschafft.«[39] Europa, so meint er, hat sich nicht (wie der Baron von Münchhausen! Anm. d. Verf.) »an seinen eigenen wirtschaftlichen Stiefeln hochgezogen und noch weniger seien europäische Einzigartigkeiten wie Rationalität, bestimmte Institutionen, Unternehmertum, Technologie, Genialität: in einem Wort, Rasse, der Grund dafür gewesen.«[40] Dies hat mit seriöser Geschichtsschreibung nicht viel zu tun. Zu behaupten, dass jeder Hinweis auf bestimmte europäische Besonderheiten verfehlt und eine Form des Rassismus sei, ist reine Demagogie.

Worin liegt der Sinn von John Hobsons Buch *The eastern origins of western civilisation*, in dem andauernd wiederholt wird, dass der Westen *immer* zurückgeblieben war und *nur* durch viel Glück, Rassismus, Krieg und Imperialismus reich geworden ist?[41] Wieso publiziert ein respektierter Verlag ein solches – wie Osterhammel zu Recht sagt – »empirisch schrecklich fehlerhafte(s) und geradezu unseriöse(s)« Buch?[42] Wieso hält man es für erforderlich, den folgenden Satz über Europa zu schreiben?

Die Einwohner des Westens sind der Bodensatz [oder besser noch: der Abschaum: es heißt ›dregs‹ im Original!] der Geschichte Eurasiens, und die Halbinsel, die sie bewohnen, ist der Sumpf, worin die Geschichte Eurasiens abgeflossen ist.[43]

---

39 Frank, *ReOrient*, S. 259.
40 Frank, *ReOrient*, S. 4.
41 John M. Hobson, *The eastern origins of western civilisation* (Cambridge 2004).
42 Jürgen Osterhammel, *Die Verwandlung der Welt. Eine Geschichte des 19. Jahrhunderts* (München 2009), S. 1391, Fußnote 47.
43 Felipe Fernández-Armesto, *Pathfinders. A global history of exploration* (Oxford. 2006) S. 19.

Denkt man wirklich, man würde sich bei den Nachbarn beliebt machen, wenn man andauernd die Eltern beleidigt? Die Idee eines westlichen Sonderwegs ist im Westen(!) sehr stark in Verruf gekommen. Bestimmte Autoren, wie zum Beispiel Jack Goody, haben anscheinend eine Allergie auf jede westliche Besonderheit entwickelt.[44] Auch hier droht ein willkommener Revisionismus in ein gesellschaftlich und wissenschaftlich völlig kontraproduktives *Euro-bashing* abzugleiten.

Ironischerweise hat ein solcher Anti-Eurozentrismus etwas Eurozentrisches – als ob die ganze Welt noch immer großes Interesse daran hätte, was Europa von ihr und eigentlich mehr noch von sich selbst hält. Die Geschichte löst außerdem mühelos jenes Problem, worüber viele antieurozentrische Historiker noch grübeln. Europa ist nicht mehr wichtig: der ›Aufstieg des Westens‹ ist vorbei. Das Resultat ist nicht ein Untergang des Abendlandes, sondern eine Rückkehr zu normaleren, ausbalancierteren Verhältnissen. 1913 betrug der Anteil Westeuropas am effektiven ›Bruttosozialprodukt‹ der Welt noch ein Drittel, 1972 ein Viertel und 2005 ›nur‹ mehr ein Fünftel. Wenn man sich den Anteil Westeuropas an der Weltbevölkerung ansieht, ist der Rückgang dramatisch. 1913 war er ein Siebtel, 1973 ein Achtel. 2003 lebte nur noch einer von fünfzehn Erdbewohnern in Westeuropa. Mit kaum Bevölkerungswachstum und kaum Wirtschaftswachstum droht eine Zukunft als Freiluftmuseum voller Frührentner und Touristen.

---

44   Jack Goody, *Capitalism and modernity: The great debate* (Cambridge 2004), und derselbe, *The theft of history* (Cambridge 2006).

Viel interessanter *und* intellektuell gefährlicher sind subtile, unbewusste Eurozentrismen, wie sie an Periodisierungen wie ›early modern‹ oder an Definitionen von Konzepten wie ›Staat‹ oder ›Nation‹, an nicht-reflektierten Aprioris über vermeintliche Einzigartigkeiten, wie beispielsweise dem westlichen Kapitalismus oder der westlichen Marktwirtschaft, an Selbstverständlichkeiten und Abweichungen sowie an bestimmten Fragen haften können.

Resümierend bedeutet all dies, dass ich eine Wirtschaftsgeschichte befürworte, die eine historische Sozialwissenschaft ist, die sich mit großen Strukturen, Prozessen und Vergleichen beschäftigt und die somit eine ›Wirklichkeitswissenschaft‹ ist.[45] Damit versuche ich an verschiedene Wiener Traditionen, im zwanzigsten Jahrhundert beispielsweise verkörpert durch Schumpeter und Polanyi, Mitterauer oder auch Bauer und Matis, anzuknüpfen. Sie alle plädieren für eine breit angelegte Wirtschaftsgeschichte, die Wirtschaft und Gesellschaft verbindet. Das muss auch bedeuten, dass diese Wirtschaftsgeschichte dem materiellen Leben im Sinne Braudels viel Aufmerksamkeit schenkt und einen globalen Blickwinkel hat. Das heißt, dass sie interkontinentalen Verbindungen ohne übertriebenes Systemdenken Aufmerksamkeit entgegenbringt und vergleichenden Ansätzen gegenüber offen ist. Im methodischen Sinne bin ich inspiriert von Max Weber und Karl Popper. Wer unbedingt will, kann auch Weber noch ein bisschen zum Wiener machen. 1918 übernahm er hier probeweise den Lehrstuhl für Nationalökonomie, wenn auch nur sehr kurz.[46] Von Karl Popper, ei-

---

45 Charles Tilly, *Big structures, large processes, huge comparisons* (New York 1983).

46 Joachim Radkau, *Max Weber. Die Leidenschaft des Denkens* (München und Wien 2005) S. 753–755.

nem gebürtigen Wiener, der fünfunddreißig Jahre seines Lebens hier verbrachte, möchte ich gerne die These beibehalten, dass Wissenschaft immer Sache von Vermutungen und Widerlegungen ist und immer ein Versuch, Probleme zu lösen: ohne Leitfragen und Hypothesen gibt es keine Wissenschaft. Meine Leitfrage entspricht der Thematik von Moses Abramovitz' berühmtem Aufsatz: Wie kommt es zu einem Take-off, wie kann Wachstum dauerhaft sein, wie kann ein Land ›aufholen‹ und wieso holen so viele Länder *nicht* auf?[47]

Tee als Fallbeispiel

Der Leser wird sich mittlerweile wahrscheinlich fragen, wie man all diese ziemlich abstrakten Gedanken über Globalgeschichte, Wirtschaftsgeschichte und globale Wirtschaftsgeschichte in etwas Konkretes umsetzen kann. Noch mehr wird er sich wohl fragen, wo der Tee bleibt.

Der Anthropologe Clifford Geertz behauptet in einem berühmten Aufsatz, dass kleine Fakten über große Fragen etwas besagen können, weil man sie dazu veranlasst.[48] Im Rest dieses Textes hoffe ich zu zeigen, dass dies tatsächlich möglich ist, und ich werde das kleine Faktum des britisch-chinesischen Teehandels benützen, um sogar über *zwei* große wirtschaftshistorische Fragen etwas zu sagen. Die eine ist inhaltlich: Was sind die Ursachen der ›*Great Divergence*‹?; die andere methodisch: Wie kann man vernünftig und konkret globale Wirtschaftsgeschichte der Frühen Neuzeit schreiben?

---

47 Moses Abramovitz, ›Catching up, forging ahead, and falling behind‹, *Journal of Economic History*, 46, 2 (1986) S. 385–406.

48 Clifford Geertz, ›Thick description: toward an interpretative theory of culture‹ in: derselbe, *The interpretation of cultures. Selected essays* (New York 1973) S. 3–33, S. 23.

Die Verbindung mit der *Great-Divergence*-Problematik
bedeutet, dass sich meine Analyse mit der Periode des sehr
langen 18. Jahrhunderts von 1680 bis 1860, jener Periode, in
der diese Divergenz offenkundig wurde, beschäftigt. Mit
den 1680er-Jahren zu beginnen, ist insofern sinnvoll, als
zu diesem Zeitpunkt in Großbritannien mit der Glorious
Revolution eine neue Phase der Geschichte anfing, während zeitgleich in China die Qing dank ihres Sieges über
die Aufständischen im Süden die tatsächliche Macht über
das ganze Land erlangten. Die Analyse endet in den 1850er-
Jahren. Denn zu diesem Zeitpunkt war klar geworden, dass
Großbritannien eine industrialisierende Nation ist und China nicht. Auch für den Teehandel an sich ergibt diese Periodisierung Sinn. Der britisch-chinesische Teehandel nahm
in den 1680er-Jahren einen, wenn auch sehr bescheidenen
Anfang. Die zwei Opium-Kriege in den 1840er- und 1850er-
Jahren änderten den Kontext dieses Handels völlig und die
Periode, in der sie stattfanden, markiert in gewisser Hinsicht
auch den Anfang seines Endes.

Das Element der Verknüpfung ist in einer solchen Studie
evident. Die meiste Aufmerksamkeit wird in diesem Text
dem Vergleich gewidmet werden. Der Teehandel wird hier
als Einstieg zum Vergleich zweier sehr unterschiedlicher
Wirtschaftssysteme benutzt. Ziel ist es, *nicht* eine Überblicksgeschichte des Tees zu bieten, sondern anzudeuten,
was wir anhand einer Studie über Tee über die Wirtschaften Chinas und Großbritanniens erfahren können. Tee
bietet sich natürlich als global zu studierendes Produkt an,
ähnlich wie es Sydney Mintz mit Zucker, William Gervase Clarence-Smith und Steven Topik mit Kaffee zeigten,
und wie Giorgio Riello und Sven Beckert es momentan mit

Baumwolle machen.[49] Solche Studien, oder wenigstens Ansätze dazu, gibt es auch für Tee.[50] China war lange der einzige Teeerzeuger, der für einen Außenmarkt produzierte. Die andere große Tee-Nation, Japan, spielte in dieser Hinsicht während der Frühen Neuzeit kaum eine Rolle. Nichtsdestoweniger war zu diesem Zeitpunkt schon fast die ganze Welt auf die eine oder andere Weise ins Teegeschäft involviert. Man könnte sicher eine spannende Verknüpfungsgeschichte des Tees schreiben. Chinas Außenmarkt wurde von Händlern, die nach China kamen, um sich den Tee dort zu holen, besorgt. Diese Kaufleute stammten aus verschiedenen Ländern. Meine Aufmerksamkeit gilt hier ausschließlich den britischen Käufern. Ab den 1780er-Jahren waren diese auch bei Weitem die wichtigsten. Das war aber nicht immer so gewesen.[51]

---

49 Sidney Mintz, *Die süße Macht: Kulturgeschichte des Zuckers* (Frankfurt am Main 1992). Ursprünglich, *Sweetness and power: the place of sugar in modern history* (Harmondsworth 1985); William Gervase Clarence-Smith und Steven Topik, Hg., *The global coffee economy in Africa, Asia, and Latin America, 1500–1989* (Cambridge 2006); Giorgio Riello, ›The globalisation of cotton textiles: Indian cottons, Europe and the Atlantic world, 1600–1850‹, in: Giorgio Riello und Prasannan Parthasarathi, Hg., *The spinning world: a global history of cotton textiles* (Oxford 2008); Sven Beckert, *The empire of cotton*, im Druck.

50 Henry Hobhouse, *Seeds of change. Six plants that transformed mankind* (London und Basingstoke 1999); Beatrice Hohenegger, *Liquid jade. The story of tea from East to West* (New York 2006); Alan Macfarlane und Iris Macfarlane, *Green gold. The empire of tea. A remarkable history of the plant that took over the world* (London 2003); Annerose Menninger, *Genuss im kulturellen Wandel. Tabak, Kaffee, Tee und Schokolade in Europa (16.–19. Jahrhundert)* (2., erweiterte Auflage; Stuttgart 2008); Roy Moxham, *Tea. Addiction, exploitation and empire* (New York 2003). Als dieser Text schon fertig war, erschien: Victor H. Mair und Erling Hoh, *The true history of tea* (London 2009).

51 Man siehe für einen kurzen Überblick, Menninger, *Genuss im kulturellen Wandel*, S. 194–203.

Teehandel: Aufkommen, Akteure, Verknüpfungen

Der Teehandel Chinas mit der Außenwelt gewann erst in den 1720er-Jahren wirklich Bedeutung. Überhaupt hat der *direkte* europäische Handel mit China erst im 18. Jahrhundert richtig angefangen. In den gut hundert Jahren zwischen 1719 und 1833 stieg das Volumen dieses Handels über Kanton um mehr als das Dreizehnfache. Es hatte sich aber mit einem Jahresdurchschnitt von 2803 Tonnen in der Periode 1719 bis 1726 fast auf einem Nullpunkt befunden. Während der Periode 1828–1833 erreichte es bis zu 37.507 Tonnen.[52] Wir sprechen hier nur von Schiffen, die direkt aus Großbritannien oder vom europäischen Kontinent kamen, nicht jedoch von ›westlichen‹ Schiffen, die zwischen verschiedenen asiatischen Ländern hin und her fuhren, oder von chinesischen Schiffen, die für westliche Händler Güter transportierten. Van Dyke, der versucht hat, die Gesamtzahl der ausländischen Schiffe, die jährlich in China eintrafen, zu kalkulieren, behauptet, es waren zwanzig in den 1760er- Jahren, fünfzig in den 1790er-Jahren, siebzig in den 1810er-Jahren und über hundertachtzig in den 1830er-Jahren. Nicht nur die Zahl wuchs, die Schiffe wurden auch größer. In den 1820er Jahren umfassten die meisten Schiffe der britischen Kompanie zwischen 1200 und 1600 Tonnen. Im 18. Jahrhundert war das viel weniger gewesen. Privatschiffe waren meist viel kleiner. Kompanieschiffe hatten 100 bis 150 Mann an Bord, Privatschiffe zwischen ein paar Dutzend und hundert. All die vielen Tausend Mannschaftsmitglieder, die Zeit in Kanton verbrachten, mussten von chinesischen Mittelsmännern, ›Kompradoren‹, versorgt werden.[53]

---

52 Louis Dermigny, *La Chine et l'Occident: Le commerce à Canton au XVIII siècle, 1719–1833* (Paris 1964). Drei Teile, Band I, S. 204.

53 Für diese Information siehe Paul A. van Dyke, *The Canton trade. Life and enterprise on the China Coast, 1700–1845* (Hongkong 2005) S. 53 und 105.

Bis in die 1780er-Jahre war die niederländische Ostindische Kompanie der größte Teekäufer gewesen. Lange Zeit wickelte sie ihre Teeeinkäufe allerdings in Batavia ab. Die Profite im Teehandel dieser Kompanie standen schon in den 1760er-Jahren unter Druck. Es dauerte aber bis nach 1780, bevor, unter Einfluss politischer Entwicklungen, wie dem Krieg mit Großbritannien und der Änderung der britischen Steuerpolitik, auch die Importe wirklich dramatisch zurückgingen. Nichtsdestoweniger blieb Tee bis zum Ende ihrer Existenz das wichtigste Produkt im Chinahandel. Mit dem erneuten Krieg gegen die Briten im Jahr 1795 wurde die Lage aussichtslos. Die Kompanie verschwand 1795 von der Welthandelsbühne.

Die englische Ostindische Kompanie erfuhr nicht nur aus den Niederlanden Konkurrenz. Es gab auch französische, dänische und schwedische Kompanien, aber ihr Anteil am Gesamtumsatz blieb immer eher bescheiden. Vielleicht überraschend ist die – wenn auch nur vorübergehend – prominente Rolle einer Kompanie unter der Schirmherrschaft des Habsburgischen Reiches. 1722 bekamen einige Kaufleute aus dem heutigen Belgien von Kaiser Karl VI. einen Charter für eine Ostender Ostindische Kompanie. Diese mit internationalem Kapital geförderte Kompanie war ein Erfolg: In der Periode 1725–1728 lieferte sie fast sechzig Prozent des chinesischen Tees, der auf dem europäischen Kontinent konsumiert wurde. Die Kompanie machte große Profite. Sie wurde aber schon 1731 anlässlich eines Friedensvertrags zwischen Österreich und Britannien aufgelöst. Dies war eine britische Bedingung für die Anerkennung der Nachfolge der Tochter Karls VI., Maria Theresia. Neben der britischen Ostindischen Kompanie hatte auch die niederländische starken Druck in diese Richtung ausgeübt. Klarer kann man die Rolle der Politik im frühneuzeitlichen Wirtschaftsleben Europas wohl kaum zeigen.

Bis in die 1780er-Jahre wurde mehr Tee von Nicht-Briten als von Briten importiert. In der Periode 1756–1784 war ein Drittel des Tee-Imports in Europa in britischen Händen und zwei Drittel in Händen von Händlern aus anderen Ländern, die aber viel von ihrer Ware nach Großbritannien schmuggelten. Bei einem so hohen Steuersatz war das einfach zu verlockend. Der Commutation Act von 1784 brachte hier eine Wende. Von jetzt an wurde der Import in Westeuropa klar vom größten Konsumenten dominiert.

Das heißt nicht, dass die Briten (fast) die Einzigen waren, die sich in China Tee holten. Im Laufe der Jahre wurden zwei Kunden außerhalb Westeuropas immer wichtiger. Der eine war Russland, das über den über Kjachta führenden Landweg und später im 19. Jahrhundert auch über das Meer chinesischen Tee in großen Mengen importierte. Genau wie im Handel Chinas mit Großbritannien wuchs auch im chinesisch-russischen Handel der Anteil des Tees stetig. Während der Periode 1760–1785 umfasste Tee nur fünfzehn Prozent von Russlands Importen aus China. 1825 waren das schon siebenundachtzig Prozent und 1850 neunzig Prozent.[54] Die Mengen, über die wir reden, sind beträchtlich. 1798 importierte Russland fast 1,7 Millionen Pfund chinesischen Tee; 1837–1839 war die Menge auf mehr als sieben Millionen, ungefähr ein Fünftel des Importes Großbritanniens, angestiegen. Auch hier sieht man nach der Öffnung Chinas ein Anwachsen des Exportvolumens. 1885 exportierte China mehr als siebenunddreißig Millionen

---

54 Findlay und O'Rourke, *Power and plenty*, S. 299.

Pfund Tee nach Russland.[55] Der zweite neue Kunde waren die Vereinigten Staaten. 1839 belief sich deren Import auf gut vierzehn Millionen Pfund gegenüber gut vierzig Millionen Pfund im Falle von Britannien.[56] In den Vereinigten Staaten erlangte Tee nie die Bedeutung, die er in Britannien hatte. Einen beachtlichen Teil – manchmal sogar die Hälfte – des auf amerikanischen Schiffen transportierten Tees wurde weiterexportiert. Auch hier sieht man, wie sehr Chinas Exporte vom Tee dominiert wurden: 1822 bestanden sechsunddreißig Prozent von Chinas Export in die Vereinigten Staaten aus Tee, 1837 war die Zahl auf fünfundsechzig, 1840 auf einundachtzig Prozent angestiegen.[57] Zhang Guotu meint, dass am Vorabend des Ersten Opium-Krieges siebzig Prozent des gesamten chinesischen Exports aus Tee bestanden.[58]

Es gab Importeure, wie die Vereinigten Staaten, die den importierten Tee weiterexportierten, was im neunzehnten Jahrhundert allerdings eine Ausnahme darstellte. Großbritannien, der größte Importeur chinesischen Tees, verbrauchte den importierten Tee fast zur Gänze selbst.[59] Die Mengen des getrunkenen Tees waren innerhalb Europas sehr unterschiedlich: Während zum Beispiel um 1780 in Großbritannien pro Kopf 0,7 Kilo pro Jahr konsumiert wurden, waren es in den Niederlanden 0,5 Kilo, im Rest Euro-

---

55 Zhuang Guotu, *Tea, silver, opium and war: the international tea trade and western commercial expansion into China in 1740–1840* (Xiamen 1993) S. 147, und Robert Gardella, *Harvesting mountains. Fujian and the China tea trade, 1757–1937* (Berkeley, Los Angeles und London 1994) S. 73, Tabelle 11.

56 Zhuang Guotu, *Tea, silver, opium and war,* S. 139.

57 Zhuang Guotu, *Tea, silver, opium and war,* S. 141 und 163.

58 Zhuang Guotu, *Tea, silver, opium and war,* S. 164.

59 Siehe, zum Beispiel, für 1854–1855 J.Y. Wong, *Deadly dreams. Opium and the Arrow war (1856–1860) in China* (Cambridge 1998) S. 358 und 360.

pas nur 0,05 Kilo. In den 1840er-Jahren lag der Pro-Kopf-Konsum in England bei 0,84 Kilo, in Frankreich aber nur bei 0,04 Kilo.[60]

Tee war nicht nur ein globales Produkt in dem Sinne, dass es über die ganze Welt hinweg transportiert wurde. Er war auch ein wichtiges Glied in interkontinentalen Austauschverhältnissen. Anfangs wurde er von den Briten meistens mit Silber aus Lateinamerika bezahlt. Am Ende des achtzehnten Jahrhunderts wurde auch der Export von Baumwolle aus Indien nach China ein wichtiges Mittel für die Briten, um ihre Importe aus China abzudecken; und letzten Endes sorgten im 19. Jahrhundert Opiumexporte aus Britisch-Indien dafür, dass China kein ›britisches‹ Silber mehr absorbierte.

In Großbritannien wurde Tee schon bald in Kombination mit Zucker getrunken. Bereits in den 1720er-Jahren wurde das als ›normal‹ erachtet.[61] In China war diese Kombination nicht ganz unbekannt, aber sicher nicht Brauch. Sie entstand in Europa auch nicht sofort und nicht überall. Die Zuckermengen, die man in Großbritannien konsumierte, sind beträchtlich: Waren es in den 1780er-Jahren pro Kopf 7,7 Kilo pro Jahr, betrug in den 1840er-Jahren die Menge bereits 9,6 Kilo.[62] Dieser Zucker kam zu einem sehr großen Teil aus der Karibik. Er wurde dort meist von Sklaven auf Plantagen produziert, die bis Ende des 18. Jahrhunderts eine Hochkonjunktur erlebten. Die Sklaven, ohne die diese karibischen Zuckerplantagen einfach undenkbar gewesen wären, kamen ursprünglich aus Afrika und waren dort

---

60 Jan de Vries *The Industrious Revolution. Consumer behaviour and the household economy, 1650 to the present* (Cambridge 2008) S. 160, Table 4.2. und S. 184.

61 De Vries, *Industrious Revolution*, S. 31–32.

62 De Vries, *Industrious Revolution*, S. 184.

oft gegen Baumwolle aus Indien ›eingetauscht‹ worden. Es handelt sich hier um beachtliche Zahlen. 1790, als die Plantagen auf ihren absoluten ›Höhepunkt‹ waren, lebten allein auf den britischen karibischen Inseln 480.000.[63]

Wer in diesem Kontext an Tee denkt, denkt auch an Porzellan. China war, seitdem Japan seinen Außenhandel stark kontrollierte und einschränkte, faktisch Europas und deshalb auch Großbritanniens einziger Lieferant. Die importierten Mengen waren imposant, nicht jedoch ihr Wert, da chinesisches Porzellan sehr billig wurde. Die Importe nahmen ab, nachdem es den Europäern gelungen war, selber Porzellan und Substitute herzustellen. Nach 1791 war die englische Ostindien-Kompanie nicht mehr am Handel beteiligt: sie zog sich zurück und es gab nur noch private Importe von kleinen Mengen Luxusporzellan.

Und dann gab es natürlich den notorischen ›Austausch‹ von Tee gegen Opium, der im britischen Fall aus Indien kam. 1838–1839 kamen allein aus Indien mehr als 30.000 Kisten mit 154 Pfund Opium nach China. Der geschätzte Wert der 20.283 Kisten, die Sonderkommissar Lin Zexu, dessen Auftreten in Kanton den Ersten Opium-Krieg auslöste, 1839 in Kanton ins Meer werfen ließ, belief sich auf neun Millionen Dollar. Der Import aus Indien nahm nach dem Ersten Opium-Krieg noch zu. 1860 wurden fast 60.000 Kisten importiert. Genaue Berechnungen des Wertes sind schwierig, alleine schon wegen des Unterschiedes zwischen dem Einkaufspreis in Indien und dem nicht immer bekannten Verkaufspreis in China. Es ist auf jeden Fall klar, dass in der Periode zwischen 1830 und 1860 allein schon der Wert

63 Robin Blackburn, *The making of New World slavery. From the Baroque to the modern, 1492–1800* (London und New York 1997) S. 404.

des verkauften Opiums aus Bengalen immer höher war als der Wert des Tees und der Seide, die von den Briten aus China importiert wurden.[64]

Da dieser Text vor allem der politischen Ökonomie gewidmet ist, erscheint es nicht ohne Relevanz, darauf hinzuweisen, dass auch in der Produktion dieses Opiums in Britisch-Indien die Vernetzung von ›Staats- und Privatwirtschaft‹ sonnenklar ist. 1797 wurde das Opiummonopol in Indien, das von 1773 ab in den Händen der britischen Ostindischen Kompanie gewesen war, von einer Regierungsagentur übernommen. Die *Produktion* von Opium wurde so faktisch ein Regierungsmonopol, während der *Handel* an Privatpersonen abgetreten wurde. So konnte die Regierung behaupten, sie hätte nichts damit zu tun. Dieses Monopol blieb auch nach der Auflösung der Kompanie weiter bestehen und überlebte nicht weniger als drei Auflösungsversuche, den letzten davon 1892.

Tee und die britische Wirtschaft

Wie wichtig war der Tee-Import eigentlich für die britische Wirtschaft? Um das herauszufinden, muss man wissen, wie umfangreich er war. Das ist nicht ganz unproblematisch, weil es sich erstens bis 1784 bei großen Mengen des in Britannien konsumierten Tees um Schmuggelware handelte und zweitens sich die vorhandenen Daten nicht immer auf die gleiche geografische Region beziehen. Was das Erste anbetrifft: Für die 1740er-Jahre wird der eingeschmuggelte Tee auf drei Millionen Pfund geschätzt, was der dreifachen

---

64 Wong, *Deadly dreams*, S. 399–410. Über die ganze Periode hinweg stellten Opiumimporte aus Bengalen ungefähr die Hälfte des gesamten Opiumimports aus Indien dar.

Menge des offiziellen Konsums entspricht.[65] Auch für 1780 wird behauptet, dass vom gesamten Teekonsum in Großbritannien nur ein Drittel von der East India Company importiert wurde.[66] Was den zweiten Punkt betrifft: Manchmal ist von England die Rede, dann wieder von Britannien oder Großbritannien oder sogar vom Vereinigten Königreich inklusive Irland. Wir werden hier, wenn möglich, immer Daten für das ganze Vereinigte Königreich benutzen. 1684 wurden ganze fünf Kisten importiert. Am Ende des 17. Jahrhunderts betrug der Import schon 20.000 Pfund, 1720 schon 400.000 Pfund und, wie angedeutet, 1740 offiziell eine Million Pfund. Nach dem Commutation Act von 1784 änderten sich die Größenordnungen radikal.

Tee-Importe des Vereinigten Königreichs, in Millionen Pfund, auf ganze Millionen abgerundet.[67]

1799	21
1817	21
1822	28
1835	44
1840	28
1845	51
1850	51
1855	83

65 Zhang Guotu, *Tea, silver, opium and war*, S. 124.
66 C.J.A. Jörg, *Porcelain and the Dutch China trade* (Den Haag 1982) S. 39.
67 Die ersten drei Zahlen sind aus Zhang Guotu, *Tea, silver, opium and war*, S. 158–159, und beziehen sich nur auf offizielle EIC-Importe, die übrigen Daten stammen aus Wong, *Deadly dreams*, S. 346, und beziehen sich nur auf Tee, der im Vereinigten Königreich konsumiert wurde, und nicht auf Tee, der wieder exportiert wurde.

Für die englische Ostindische Kompanie war Tee in der Periode von 1760 bis zum Ende ihres Monopols über den Chinahandel 1834 »der Gott, dem alles andere geopfert wurde«.[68] Durchschnittlich repräsentierte er mehr als achtzig Prozent des Umsatzes. In den letzten Jahren ihres Monopols importierte die Kompanie fast nichts anderes mehr aus China.[69] Daneben gab es auch privaten Teehandel von Mitgliedern der Kompanie. Dem Umfang nach war dieser zwar nicht so wichtig, jedoch handelte es sich hierbei meist um Teesorten von besserer Qualität und höherem Preis.[70] Privathändler beschäftigten sich eher mit dem Import von Baumwolle und von Opium.

Der durchschnittliche jährliche Teekonsum in Großbritannien betrug im Jahr 1700 0,1 Pfund pro Kopf, im Jahr 1750 0,5 Pfund pro Kopf. In den Folgejahren stieg er schnell an.[71]

---

68 Earl H. Pritchard, *The crucial years of early Anglo-Chinese relations, 1750–1800* (Washington 1936) S. 163.

69 Zhuang Guotu, *Tea, silver, opium and war*, S. 157.

70 Hoh-cheung Mui und Loma H. Mui, *The management of monopoly. A study of the East India Company's conduct of its tea trade 1784–1833* (Vancouver 1984) S. 115–126. Nach Wong, *Deadly dreams*, S. 371, war der Wert des privaten Teehandels 1834 ungefähr ein Achtel des gesamten britischen Teehandels.

71 Zhuang Guotu, *Tea, silver, opium and war*, S. 127.

Durchschnittlicher jährlicher Teekonsum im Vereinigten Königreich (einschließlich des armen Irland mit einem Drittel der Gesamtbevölkerung) in Pfund pro Kopf.[72]

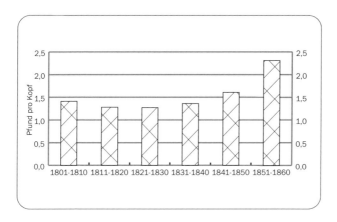

Wie man sieht, ist der Pro-Kopf-Konsum in der ersten Hälfte des 19. Jahrhunderts nicht angestiegen. Da die Bevölkerung aber stark wuchs, nahm auch der Import zu. Am Ende des 19. Jahrhunderts konsumierte ein Brite mehr als fünf Pfund Tee pro Jahr. Zu dieser Zeit allerdings war der chinesische Tee bereits dabei, vom britischen Markt zu verschwinden. Ersetzt wurde er vor allem von Tee aus Indien und Ceylon. Während in der Periode 1866–1870 noch neunzig Prozent des im Vereinigten Königreich getrunkenen Tees aus China kamen, waren es 1876–1880 achtzig, 1881–1885 siebzig und zwanzig Jahre später nur noch weniger als fünf Prozent.[73]

72 John Burnett, *Liquid pleasures. A social history of drinks in modern Britain* (London und New York 1999) S. 57.

73 Burnett, *Liquid pleasures*, S. 66.

Noch interessanter und aufschlussreicher als die Teemengen selbst sind Informationen über Wert und Verkaufspreis des importierten Tees in Großbritannien: Über wie viel Geld reden wir? Auch hier konzentriert man sich am besten auf die Zeit, in der Schmuggel kaum mehr eine Rolle spielte. 1790 wurde Tee im Wert von gut anderthalb Millionen Pfund Sterling importiert, 1819 war die Zahl bereits auf fast zwei Millionen Pfund angestiegen.[74] In der Periode 1820–1840 handelte es sich durchschnittlich pro Jahr um ungefähr drei Millionen Pfund. Der höchste Jahreswert in der gesamten hier behandelten Periode wurde in den 1850er-Jahren mit fast sieben Millionen Pfund erzielt.[75] Dabei fällt auf, dass die Preise des gekauften Tees stark *sanken*. In der Periode 1787–1820 lagen sie im Durchschnitt immer dreißig Prozent niedriger als 1725.[76] Zwischen 1835–1880 wurde der Preis mehr als halbiert.[77]

Um eine Vorstellung davon zu bekommen, was dies makro-ökonomisch bedeutete, braucht man Zahlen für den gesamten Außenhandel und das Nationaleinkommen des Vereinigten Königreichs. Wir geben hier nur ein paar Zahlen an, da es uns nur um ein Indiz für die Größenordnung geht und nicht um Vollständigkeit. Die meisten Wirtschaftshistoriker sind sich momentan darüber einig, dass die Zahlen von Dean und Cole für das Nationaleinkommen bis 1830 zu niedrig sind, was natürlich heißen würde, dass die Bedeutung des Tees für die Gesamtwirtschaft noch kleiner ist, als es hier erscheint.

---

74 Zhuang Guotu, *Tea, silver, opium and war*, S. 168–159.
75 Wong, *Deadly dreams*, S. 338.
76 Zhuang Guotu, *Tea, silver, opium and war*, S. 127.
77 Gardella, *Harvesting mountains*, Tabelle 6, S. 61.

Durchschnittlicher Wert der Importe und Exporte, inklusive Re-Exporte, Großbritanniens pro Jahr in Millionen Pfund Sterling, abgerundet auf ganze Millionen.[78]

	Importe	Exporte
1784-1786	22	13
1824-1826	66	39
1854-1856	151	102

Schätzungen von Phyllis Deane und W.H. Cole des Nationaleinkommens von Großbritannien, in Millionen Pfund Sterling.[79]

1800	232
1811	301
1821	291
1831	340
1841	452
1851	523
1861	668

Die Händler selber werden sicherlich primär an ihren Nettoprofiten interessiert gewesen sein. Wie hoch waren diese? Dazu lassen sich in der Literatur gewisse Hinweise finden. Es wurde berechnet, dass die Nettoprofite der Kompanie als Prozentsatz der Gesamtkosten inklusive Gebühren, Versicherung und Zinsen im Zeitraum zwischen 1788 und 1796 durchschnittlich 15,85 Prozent betrugen, in der Periode

---

78   Ralph Davis, *The British Industrial Revolution and British overseas trade* (London 1979) S. 94–109. Bis 1820 galt Irland als Ausland.

79   Phillys Deane und W.H. Cole, *British economic growth, 1688–1959* (2. Auflage; Cambridge 1969) S. 166–167.

1793–1811 durchschnittlich 26,18 Prozent und in der Periode
1814–1828 durchschnittlich 25,14 Prozent. Es ist nicht möglich herauszufinden, wie profitabel der Teehandel nach der
Beendung des Monopols der Kompanie im Durchschnitt
für Privathändler war. Die Daten, die ich für einen Händler
namens Melrose über die Periode 1840–1850 fand, weisen
auf eine durchschnittliche Nettoprofitrate von dreizehn
Prozent hin.[80] In der Periode von 1815 bis 1834 machte die
Kompanie durchschnittlich einen jährlichen Profit von
mehr als einer Million Pfund Sterling. Mehr als neunzig
Prozent dieses Profits resultierten aus dem Teehandel.[81] Wir
werden später die gesamte Wertschöpfung im Teesektor
kurz diskutieren.

Tee und die chinesische Wirtschaft

Es wäre ideal, wenn wir britische Daten systematisch mit
chinesischen vergleichen könnten. Das ist allerdings nicht
möglich, da ich solche Daten nicht kenne und es sie wahrscheinlich auch nicht gibt. Für alle Zahlen, die ich nenne,
möchte ich mit Nachdruck darauf hinweisen, dass sie, insbesondere jene für China, nur Schätzungen sind oder eher
noch, wie man auf Englisch sagen würde, ›guesstimates‹.
Außerdem handelt es sich meist um eine Auswahl aus verschiedenen, manchmal weit auseinander liegenden Schätzungen. Hinweise auf Zahlen sollen hier nur dazu dienen,
einen Eindruck von den Größenordnungen zu vermitteln.
Man sollte sich vor dem ›Fehler der unangebrachten Prä-
zision‹ hüten und niemals versuchen, genauer zu sein, als es

---

80   Mui und Mui, *The management of monopoly*, Appendix 4, und S. 132–133.
81   Zhuang Guotu, *Tea, silver, opium and war*, S. 159–160.

die vorhandenen Angaben erlauben.[82] Im chinesischen Fall ist es besonders problematisch, gute Daten zu finden. Das fängt schon bei der Teeproduktion an. In der mir zugänglichen Literatur gibt es nur eine Schätzung der auf den Markt gebrachten Mengen, und dies nur für ein Jahr, nämlich für 1840. Danach belief sich die gesamte in China auf den Markt gebrachte Menge Tee auf fast 350 Millionen Pfund (von 453,6 Gram).[83] Der Pro-Kopf-Konsum im selben Jahr wurde auf rund 300 Gramm geschätzt. Das wären ungefähr fünfundvierzig Prozent des Durchschnittskonsums in Großbritannien.

Was die Bedeutung des Tee-Exports und der Teeproduktion für Chinas Wirtschaft anbelangt, kann man auch nicht mehr bieten als grobe Annäherungen. Bei verschiedenen Experten findet man die Bemerkung, dass zu Beginn des 19. Jahrhunderts ungefähr ein Siebtel des insgesamt in China produzierten und vermarkteten Tees exportiert wurde.[84] Laut einer Schätzung für das Jahr 1840 waren das ungefähr acht Millionen Pfund. Das wären dreiundzwanzig Prozent der Teemenge, die auf den Markt gebracht wurde. Die Briten importierten insgesamt ungefähr die Hälfte davon. Das wären also elf bis zwölf Prozent des Tees, der in China

---

82 Siehe unter ›fallacy of misplaced precision‹ in David Hackett Fischer, *Historians' fallacies. Toward a logic of historical thought* (New York 1970) S. 61–62.

83 Fang Xing, Shi Qi, Jian Rui und Wang Shixin, ›The growth of commodity circulation and the rise of merchant organisations‹ in: Xu Dixin und Wu Chengming, Hg., *Chinese capitalism, 1522–1840 (*New York 2000) S. 165–184, S. 174. Die Autoren stützen ihre Daten und Analysen auf eine Arbeit von Wu Chengming aus 1985.

84 Susan Naquin und Evelyn S. Rawski, *Chinese society in the eighteenth century* (New Haven und London 1987) S. 104. Als Quelle verweisen sie auf einen Aufsatz von Wu Chengmin. In Patricia Buckley Ebrey, *Cambridge Illustrated History of China* (Cambridge 1996) S. 235, findet man die gleiche Behauptung.

auf den Markt kam, was natürlich einem kleineren Teil der Gesamtproduktion entspricht. Gardella meint, dass direkt vor dem Ersten Opium-Krieg neun Prozent der gesamten *Produktion* exportiert wurden und in den 1870–1880er Jahren dreißig Prozent.[85]

Mengen an sich besagen auch hier natürlich nicht viel. Es gab viele verschiedene Sorten und Qualitäten von Tee. Der Tee, der exportiert wurde, hatte durchschnittlich einen höheren Preis als der Tee, der in China selbst konsumiert wurde. Der geschätzte Wert des gesamten in China vermarkteten Tees, inklusive Exporte, betrug 1840 siebenundzwanzig Millionen Tael, das sind ungefähr acht Prozent des gesamten Güterumsatzes auf Chinas Märkten. Der Wert des exportierten Tees betrug laut derselben Schätzung ungefähr elf Millionen Tael. Das wären ungefähr vierzig Prozent davon.[86] Allgemeine Informationen über die Profitraten der chinesischen Händler und Produzenten habe ich nicht gefunden.[87]

Um zu wissen, was dies wirklich bedeutet, braucht man Informationen über die Höhe des damaligen Bruttosozialproduktes Chinas. Dazu sind allerdings nur ganz grobe Annäherungen vorhanden. Kent Deng, Wirtschafshistoriker an der London School of Economics and Political Science, schätzt, dass es 1833 gute 4.000 Millionen Tael betrug.[88] Das würde heißen, der gesamte Tee-Umsatz machte nicht ein-

---

85 Gardella, *Harvesting mountains,* S. 117. Vgl. S. 6, für eine Schätzung von Dwight Perkins.

86 Fang Xing, Shi Qi, Jian Rui und Wang Shixin, ›The growth of commodity circulation‹, S. 175.

87 Siehe für einige Bemerkungen über die Bruttoprofitraten der Hong-Teehändler in Kanton Zhuang Guotu, *Tea, silver, opium and war,* S 40.

88 Kent Deng, ›The Nanking Treaty System: Institutional change and improved economic performance‹, http://ehsanz.econ.usyd.edu.au/papers/Deng.pdf.

mal 0,7 Prozent des chinesischen Bruttosozialproduktes aus und der gesamte Tee-Export keine 0,3 Prozent! Deng hat auch versucht, Chinas Außenhandel zu quantifizieren. Er meint, dieser betrug in den 1820er Jahren weniger als zehn Millionen Tael. Für das Jahr 1839 schätzt er ihn auf 37,4 Millionen Tael.[89] Das zeigt, wie *wichtig* Tee-Exporte von mehr als elf Millionen Tael in den Handelskontakten mit dem Ausland waren und wie *unwichtig* diese Kontakte waren.

Zeitgenossen behaupteten, dass Chinas Tee-Exporte im Vergleich zu der gesamten Produktion relativ klein waren. George-Leonard Staunton, der 1793 gemeinsam mit der britischen Macartney-Gesandtschaft China besuchte, meinte, die Chinesen tranken damals so viel Tee, dass die Preise auf Chinas Märkten kaum sinken würden, wenn die Europäer damit aufhörten.[90] Robert Fortune, der zuerst im Auftrag der Royal Horticultural Society und später für die britische Ostindische Kompanie in China herumreiste, hielt noch Ende der 1840er-Jahre daran fest, dass Tee wie Seide sei: im Vergleich zum chinesischen Eigenkonsum sei die Exportmenge winzig.[91] Das mag vielleicht übertrieben sein. Man sollte aber nie die Größe Chinas und seiner Bevölkerung, die 1840 fast das Zwanzigfache jener von Großbritannien und Irland zusammen ausmachte, aus den Augen verlieren. Während des sehr langen 18. Jahrhunderts nahmen Chinas

89 Kent Deng, ›Miracle or mirage? Foreign silver, China's economy and globalisation from the sixteenth to the eighteenth centuries‹. Paper presented at the one-day GEHN Workshop »Silver and the global economy in the early modern period«. Dieses Paper findet sich auf der GEHN-Website. Es wurde auch im *Pacific Economic Review* 13, 3 (2008) S. 320–358, publiziert.

90 Ich fand diese Bemerkung in Alain Peyrefitte, *L'empire immobile ou le choc des mondes* (Paris 1989) S. 337.

91 Robert Fortune, *The tea districts of China and India. Two Volumes* (London 1853) Teil I, S. 12.

Handelskontakte sicher zu. Sie blieben jedoch marginal. Im 18. Jahrhundert war Chinas Außenhandel, insbesondere der überseeische, sicher viel kleiner als der gesamte überseeische Handel der Westmächte.[92] Nach der Öffnung Chinas wuchs er, aber blieb noch immer klein.[93] Das trifft sogar noch für das Ende des 19. Jahrhunderts zu. Angus Maddison zum Beispiel schätzt, dass Chinas Güterexport 1890 immer noch nicht mehr als 0,6 Prozent des Bruttosozialproduktes betrug.[94]

Zeitgenössische Kommentare unterstützen seine Meinung. Marjoribanks, ehemaliger Präsident des Select Committee of Supercargoes in Kanton, der siebzehn Jahre in China gelebt hatte, erklärte 1830, dass »es keine Regierung in der Welt gebe, die weniger von Außenhandel abhängig war als die chinesische.«[95] Ungefähr zur gleichen Zeit be-

---

92 Für Informationen über Ausmaß und Bedeutung von Chinas Außenhandel, vor allem mit Europäern, bis in die 1830er-Jahre siehe Lloyd Eastman, *Family, fields and ancestors. Constancy and change in China's social and economic history, 1550–1949* (New York 1988) S. 123–139; Albert Feuerwerker, *Studies in the economic history of late imperial China* (Ann Arbor 1995) S. 11; Ho-fung Hung, ›Imperial China and capitalist Europe in the eighteenth century‹, *Review* 24 (2001) S. 473–514; James Lee, ›Trade and economy in pre-industrial Asia, c. 1500–c. 1800: East Asia in the age of global integration‹, *The Journal of Asian Studies* 58 (1998) S. 2–26, und Sucheta Mazumdar, *Sugar and society in China. Peasants, technology and the world market* (Cambridge Mass. und London 1998) Kapitel 2.

93 Für die Periode nach den Opium-Kriegen siehe Thomas P. Lyons, *China Maritime Customs and China's trade statistics 1859–1948* (Trumansburg New York 2003); Rhoads Murphey, *The outsiders. The western experience in India and China* (Ann Arbor 1977) Kapitel 7–12; Jürgen Osterhammel, *China und die Weltgemeinschaft. Vom 18. Jahrhundert bis in unsere Zeit* (München 1989) Kapitel 7 und 11, und Xu Dixin und Wu Chengming, *Chinese capitalism*, S. 395–399.

94 Angus Maddison, *Chinese economic performance in the long run* (Paris 1998) S. 88. vgl. S. 175; und Albert Feuerwerker, *The Chinese economy, 1870–1949* (Ann Arbor 1995) S. 16 und 62.

95 Michael Greenberg, *British trade and the opening of China 1800–1842* (New York und London 1951) S. 43.

hauptete ein gewisser John Phipps, der Wert des ganzen Auslandshandels von China, inklusive des Dschunken-handels, habe siebzig bis achtzig Millionen Dollar im Jahr betragen.[96] Pro Chinese wären das ungefähr fünf Gramm Silber. Régis-Évariste Huc, ein französischer Missionar, der lange im China herumreiste, schrieb in den 1840er-Jahren, dass internationaler Handel und vor allem Handel mit dem Westen für das chinesische Reich völlig irrelevant sei. Wenn der Handel mit dem Westen aufhören würde, so meinte er, würde das überhaupt keinen bleibenden Effekt auf die Wirtschaft des Landes haben. Die Leute im Landesinneren würden wahrscheinlich gar nichts bemerken.[97] Noch 1870 wurde Chinas Außenhandel in einem Bericht der Shanghai General Chamber of Commerce als »völlig unbedeutend« bezeichnet.[98]

Was auch immer die genauen Zahlen sein mögen: inter-kontinentaler Handel auf Segelschiffen mit einer Tonnage, der die 2.000er-Marke nie überschritt, kann schwerlich große Auswirkungen auf die Wirtschaft eines Landes mit einigen Hundert Millionen Einwohnern gehabt haben. Mit dem Aufkommen der Dampfschiffe änderte sich nicht viel. Ein Vergleich mit Großbritannien wirkt hier sehr klärend: Der Wert der britischen Exporte betrug Anfang der 1840er-Jahre ungefähr fünfzig Millionen Pfund, der Wert der Im-porte ungefähr fünfundsiebzig Millionen Pfund.[99] Die

96 J. Phipps, *A practical treatise on the China and Eastern trade* (s.l. 1836) S. 272. Ich fand diesen Hinweis in Greenberg, *British trade and the opening of China*, S. 16.

97 Régis-Évariste Huc, *L'empire Chinois. Faisant suite à l'ouvrage intitulé Souve-nirs d'un voyage dans la Tartarie et le Tibet* (Herausgegeben von Du Rocher Monaco 1980) S. 348.

98 Murphey, *The outsiders*, S. 193.

99 Eric J. Evans, *The forging of the modern state. Early industrial Britain, 1783–1870* (Harlow 1996) S. 415–416.

Bevölkerung von England, Wales, Schottland und Irland zusammen betrug ungefähr vierundzwanzig Millionen. Pro Kopf reden wir also über einen gesamten Außenhandel von fast 600 Gramm Silber. Im selben Jahr betrug Chinas gesamter Außenhandel, wenn wir Phipps' Schätzung akzeptieren, pro Kopf fünf Gramm Silber. In den Jahrzehnten davor war das sicher *zu keinem Zeitpunkt* mehr gewesen. Wenn wir Kent Dengs Schätzung des Außenhandels von 37,4 Millionen Tael, die sich auf die gleiche Zeit bezieht, übernehmen, würde dies bedeuten, dass Chinas gesamter Außenhandel in jener Zeit pro Kopf nicht einmal vier Gramm Silber wert war. Nicht nur relativ, das heißt im Vergleich zu Großbritannien, ist dies wenig. Vier Gramm Silber waren auch innerhalb Chinas eine winzige Summe. Einem erwachsenen Mann kostete sein normaler Lebensunterhalt in einer Stadt in Ostchina damals zwei bis drei Gramm Silber pro Tag.[100] Diese Zahlen bieten schon ein klares Indiz dafür, dass die Vorstellung, China sei in der Frühen Neuzeit das Zentrum einer Weltwirtschaft gewesen, ziemlich weit hergeholt, um nicht zu sagen, ziemlich absurd ist. Wir werden diese Vorstellung noch ausführlicher diskutieren.

Tee und Teesteuern

Die direkte wirtschaftliche Bedeutung des Teehandels ist mit Hinweisen auf Importe und Exporte nicht erschöpft. Tee war für die Regierungen von Britannien und China auch eine Quelle für Steuereinnahmen. Die britische Regierung erzielte hier, wie in *allen* Steuerbereichen, im Ver-

---

100 Für allgemeine Informationen über Löhne und Preise in China im sehr langen 18. Jahrhundert siehe Robert Allen u.a., Wages, prices, and living standards in China, Japan, and Europe, 1738–1925. http://www.iisg.nl/hpw/papers/allen-et-al.pdf aus 2005.

gleich zur chinesischen viel größere Einnahmen. Der britische Steuersatz auf Tee betrug zwischen 1726 und 1784 nie weniger als 65 Prozent der Nettokosten. Im Durchschnitt lag er ungefähr bei 100 Prozent. 1784, dem Jahr des berühmten Commutation Act, wurde er auf 12,5 Prozent gesenkt.[101] Diese Senkung führte tatsächlich zum erhofften starken Anstieg des offiziellen Konsums in Großbritannien und damit letzten Endes zu mehr Steuereinnahmen. Schmuggel lohnte sich nicht mehr und verschwand. Die Kompanie wurde von dem Zeitpunkt ab auch tatsächlich zum einzigen Importeur. Diese Senkung war aber nur kurzfristig. Während den Napoleonischen Kriegen stieg der Steuersatz für die besseren Sorten wieder auf 100 Prozent und mehr. Er blieb dann bis zum Ende der hier besprochenen Periode bei durchschnittlich rund 100 Prozent.[102]

Die Teesteuern bildeten eine wichtige Einkommensquelle für die Regierung. Über die Periode 1711–1810 trugen sie insgesamt 77 Millionen Pfund Sterling ein.[103] In Silber entspricht das 230 Millionen Tael oder dem offiziellen *Gesamtbetrag* der Steuererhebung im riesigen chinesischen Reich über drei volle Jahre. In den 1830er-Jahren brachten sie durchschnittlich mehr als drei Millionen Pfund ein. Während der Periode 1842–1860 belief sich der Ertrag durchschnittlich auf 5,2 Millionen Pfund Sterling pro Jahr oder acht Prozent des gesamten Steueraufkommens. Die bloße Teesteuer über den Zeitabschnitt von 1835 bis 1857 reichte aus, um durchschnittlich zwei Drittel der Kosten der *Royal Navy* zu decken.[104] Wir reden also über durch-

---

101 Zhuang Guotu, *Tea, silver, opium and war,* S. 123.

102 Wong, *Deadly dreams,* S. 344–345.

103 Macfarlane und Macfarlane, *Green gold,* S. 77.

104 Alle diese Daten stammen aus Wong, *Deadly dreams,* S. 347–355.

schnittlich ungefähr ein Prozent des Bruttonationaleinkommens.

Vor dem ersten Opium-Krieg besteuerte China seine Tee-Exporte mit bis zu dreißig Prozent. Diese Zahlen zur tatsächlichen Besteuerung stammen von Hosea Ballou Morse, einem amerikanischen Historiker (1855–1934), der selbst von 1874 bis 1908 in vielen verschiedenen Tätigkeiten und an vielen verschiedenen Orten für das chinesische Zollamt arbeitete.[105] Offiziell war die Besteuerung viel niedriger. Nach Ablauf dieses Krieges wurde den Chinesen von den Siegern nur ein Steuersatz von zehn Prozent erlaubt. Ab 1850 wurden die Teesteuern stark erhöht, obwohl China jetzt als Lieferant auf den Weltmarkt kein Monopol mehr hatte. Dies war für den Export natürlich nicht unbedingt förderlich. Dazu kam, dass die neue Transitsteuer, die auch für Tee erhoben wurde, oft mehrmals und willkürlich eingetrieben wurde und die Erträge in die Hände von Lokalherren fielen. Viele sahen hier einen der Gründe, wieso der Absatz von chinesischer Ware im Ausland schwieriger wurde. Das erscheint mir übertrieben.[106]

---

105 Hosea Ballou Morse, *The international relations of the Chinese empire. Three Volumes. Volume I. The period of conflict, 1834–1860* (London 1910) S. 80–81 und 308–309.

106 Für Information über Teesteuern, insbesondere in Fujian, von den 1850er- Jahren ab, siehe Gardella, *Harvesting mountains* (Kapitel ›Ramifications of the tea-boom‹). Vor dieser Periode waren die gesamten Steuereinkünfte der chinesischen Zentralregierung im Vergleich zu denen der britischen Regierung pro Kopf und sogar pro Kopf in effektivem Wert nur sehr winzig und wurden außerdem zu drei Viertel von den Landbesitzern erhoben. Die Zolleinkünfte des riesigen Reiches der Mitte waren viel kleiner als jene von Großbritannien. Für einen Vergleich siehe zum Beispiel Yeh-chien Wang, *Land taxation in Imperial China, 1750–1911* (Cambridge Mass. 1973) Kapitel 1 und S. 80, und die Daten in Eric J. Evans, *The forging of the modern state. Early industrial Britain 1783–1870* (London und New York 1993) S. 411.

Tee als ganz besonderes Produkt

Tee war nicht nur eine einfache Ware. In beiden Ländern hatte er auch einen riesigen Symbolwert und war Basis einer Tee-Kultur. Er war mehr als nur ein Getränk. Er galt auch als Medizin.[107] Der bekannteste Fürsprecher des neuen Getränkes war wohl der holländische Arzt Cornelis Bontekoe, der 1679 eine umfangreiche Abhandlung dazu veröffentlichte. Darin rief er die Bevölkerung auf, täglich so viel Tee zu trinken, wie die Nieren ausscheiden konnten: Kranke bis zu 200 Tassen pro Tag. Aber er war nicht der Einzige, der ziemlich krasse Aussagen über Tee tätigte. »Tee erhält die Schönheit, sorgt dafür, dass die Alten jung aussehen, füllt den Körper mit Leben und Geist, mit gutem Blut, und macht die Unfruchtbaren fruchtbar: es gibt kaum eine gute Eigenschaft, die er nicht besitzt«, hieß es 1737 im *Gentleman's Magazine*.[108] Es ist nicht verwunderlich, dass es auch Gegenmeinungen gab. Jonas Hanway schrieb dazu einen *Aufsatz über Tee betrachtet als schädlich für die Gesundheit, Hemmnis für das Gewerbe und Verarmung des Landes*.[109]

Die Konsumenten in Großbritannien ließen sich nicht von Hanway beeindrucken. Der Gesamtkonsum wuchs. Man braucht nicht so überschwänglich zu sein wie Bontekoe, um zu sehen, dass Tee zu jener Zeit als Getränk gesundheitlich große Vorzüge gegenüber Wasser, alkoholischen Getränken oder Milch hatte. In Kombination mit Zucker lieferte er außerdem viel Energie. Es wurde be-

---

107 Menninger, *Genuss im kulturellen Wandel*, S. 253–255.

108 Ich fand den Hinweis auf diesen Text in Moxham, *Tea. Addiction, exploitation and empire*, S. 33.

109 Ich fand den Hinweis auf diesen Text, der im Original *An essay on tea considered as pernicious to health, obstructing industry and impoverishing the nation* heißt, in Moxham, *Tea. Addiction, exploitation and empire*, S. 33.

reits angedeutet, wie viel Zucker in Großbritannien konsumiert wurde. In England lag dieser Konsum noch über dem Durchschnitt, 1780 schon bei neun Kilo pro Kopf und Jahr.[110] Laut Pomeranz lieferte der Konsum von Zucker 1800 im Vereinigten Königreich, also wieder inklusive des armen Irland, pro Tag und Kopf durchschnittlich neunzig Kalorien. Das wären vier Prozent der gesamten Nahrungsaufnahme. Er meint, dass es um 1900 bereits ungefähr zwanzig Prozent waren, wobei man aber nicht vergessen darf, dass es damals auch Rübenzucker gab.[111] Alan Macfarlane geht so weit, zu behaupten, dass die britische Industrielle Revolution ohne Tee und Zucker nicht möglich gewesen wäre. Das ist übertrieben. Berücksichtigt man allerdings, dass die Industrielle Revolution, wie in den letzten Jahren immer mehr betont wird, auch eine ›industrious revolution‹, eine Revolution des Fleißes war, sollte man die Rolle neuer, energiereicher Nahrung nicht unterschätzen.[112] Dass Macfarlane sich auch den Aufbau des britischen Empires ohne Tee nicht vorstellen kann, braucht kaum noch zu wundern.[113]

Viele Chinesen waren auch nicht gerade zurückhaltend, wenn es um die Bedeutung von Tee ging. Sonderkommissar Lin Zexu schrieb in einem Brief an Königin Victoria 1839, dass ›die Barbaren‹ keinen Tag leben könnten ohne Tee und Rhabarber, welche sie beide aus China holten.[114] Der Zen-

---

110 De Vries, *The Industrious Revolution*, S. 160.
111 Pomeranz, *Great Divergence*, S. 274–275.
112 Macfarlane und Macfarlane, *Green gold*, S. 177–179.
113 Macfarlane und Macfarlane, *Green gold*, S. 179–187. Auf den Seiten 96–97 behauptet Alan Macfarlane sogar, dass in der Geschichte von Großbritannien Tee ›alles‹ geändert habe.
114 Für den Text ›Lin Tse-hsü's moral advice to Queen Victoria‹ siehe Ssu-Yu Teng und John K. Fairbank, Hg., *China's response to the West. A documentary survey, 1839–1923* (New York 1966) S. 24–28, S. 25.

sor der Region Jiangnan, südlich des Unterlaufes des Jangtses, schrieb ungefähr zur gleichen Zeit, dass die Europäer blind werden, Hartleibigkeit bekommen und sogar sterben würden, wenn die Chinesen ihnen einige Monate keinen Rhabarber und Tee mehr verkaufen würden. Ursprünglich glaubte Lin das auch. Später war er weniger sicher.[115] Allgemein war man in Regierungskreisen davon überzeugt, dass die Barbaren von China abhängig seien. Was die Chinesen von ihnen kauften, galt hingegen als unwichtig. Es hätte China kaum Probleme bereitet, seine Tore zu schließen und den Handel mit den Briten einzustellen.[116] Dies wurde auch auf allerhöchstem Niveau verkündet, wie dieses Zitat des Qianlong-Kaisers, wahrscheinlich das berühmteste Zitat aus der frühneuzeitlichen Geschichte Chinas, bezeugt. Es stammt aus seinem Brief an den britischen König George III. nach der Macartney-Gesandtschaft von 1793–1794:

Unser Himmlisches Kaiserreich besitzt alles, was es braucht in üppigem Überfluss, und es besteht kein Mangel an irgendwelchen Produkten innerhalb seiner Grenzen. Es gab daher nie das Bedürfnis, von Barbaren im Tausch gegen unsere Produkte Waren zu importieren.[117]

Diese Behauptungen können größtenteils als politischkorrekte Rhetorik angesehen werden, aber Einblick in eine gewisse Mentalität geben sie sicher.

---

115 G.W. Overdijking, *Lin Tsê-Hsü, Een biographische schets* (Leiden 1938) S. 79.
116 Siehe auch dazu ›Lin Tse-hsü's moral advice to Queen Victoria‹, S. 25–26.
117 Es gibt verschiedene Versionen dieses Edikts. Ich habe hier ein langes Fragment benutzt, das man finden kann in Eileen H. Tamura u. a., *China. Understanding its past* (Honolulu 1997) S. 88.

China als Zentrum der Weltwirtschaft?

Der Tee-Export von China nach Großbritannien war ein (wichtiger) Teil des chinesisch-britischen Handels und – aufgrund der sehr dominanten Rolle der Briten im europäischen Handel mit China – auch im gesamten europäisch-chinesischen Austausch von Gütern in der Periode 1780–1850.[118] Über diesen Handel werden momentan sehr weit ausgreifende Behauptungen angestellt. Ich meine, eine Analyse des Teehandels kann helfen, diese Behauptungen zu widerlegen.

Um sich den wesentlichen Punkt klarzumachen, zitiert man am besten erneut Andre Gunder Frank, der mit viel Emphase die momentan populäre These vertritt, dass China in der Frühen Neuzeit das Zentrum des globalen Handels und der globalen Wirtschaft gewesen sei. Mit der für ihn charakteristischen Heftigkeit schreibt er:[119]

Die andere, sogar noch »zentralere« Ökonomie [als Indien, Peer Vries] war China. Seine noch größere Zentralität lag in seiner größeren absoluten und relativen Produktivität in Industrie und Landwirtschaft, im Transportwesen (vor allem zu Wasser) und Handel begründet. Chinas noch größere Produktivität – es war die größte der Welt –, seine Konkurrenzfähigkeit und seine Zentralität drückten sich in seiner höchst positiven Handelsbilanz aus. Diese beruhte auf Chinas Rolle als weltweit führender Exporteur von Sei-

---

118 Siehe für diese dominante Position während der Zeit der Kompanie, aber auch noch Jahrzehnte später, zum Beispiel, Wong, *Deadly dreams*, S. 380–385.

119 Andre Gunder Frank, *Orientierung im Weltsystem. Von der Neuen Welt zum Reich der Mitte* (Wien 2005) S. 47–48. Die Übersetzung ist von H.H. Nolte. Dieses Zitat ist fast wörtlich identisch mit Frank, *ReOrient*, S. 127–128. Vgl. ebd. S. 75, 117, 148, 175, 177–178, und 185.

de und Keramik sowie auf seinen Exporten von Gold und Kupfermünzen, später auch von Tee. Diese Exporte wiederum machten China zur »letzten Station« des weltweiten Silberstroms, mit dem Chinas ständiger Exportüberschuss ausgeglichen wurde. Selbstverständlich war China nur deshalb in der Lage, seine »unstillbare« Nachfrage nach Silber zu befriedigen, weil es über ein unerschöpfliches Angebot an Exportwaren verfügte, die ständig in der ganzen Welt nachgefragt wurden.

Die Nachfrage nach Industrieprodukten ist ein Hinweis auf das Niveau der Arbeitsteilung in einer gewissen Gesellschaft. Es ist sonnenklar, dass in dieser Hinsicht der Indische Subkontinent und China die höchst entwickelten und vielfältigsten Wirtschaften der Welt hatten.

Laut Frank ist der Welthandel ein Spiel mit Gewinnern und Verlierern. Er ist überzeugt, dass die Gewinner in der Frühen Neuzeit in Asien, oder genauer: in China lebten. Er meint, dass zwischen 1600 und 1800 ungefähr die Hälfte der ganzen Silberproduktion Lateinamerikas über Europa und von Acapulco aus über die Philippinen nach China abfloss.[120] China importierte außerdem lange Zeit viel Silber aus Japan. Das Land, so behauptet er, absorbierte dieses Silber, ohne dass dies, dank der hohen Produktivität, zu einer erheblichen Inflation führte.[121] Dies ist eine merkwürdige Behauptung, der ich keine weitere Aufmerksamkeit widmen werde. Denn in jedem Text über Chinas Wirtschaft im sehr langen 18. Jahrhundert kann man lesen, dass es dort zwi-

120 Frank, *ReOrient,* S. 142–149.
121 Frank, *ReOrient.* Siehe zum Beispiel S. 156–157, 164, 172 und 301.

schen dem Ende des 17. Jahrhunderts und den 1820er-Jahren eine sehr substanzielle Inflation gab.[122]

Die These, China sei der Silber-Friedhof (*silver-sink*) der Welt gewesen, ist sehr populär geworden.[123] Ich werde hier nur ein Beispiel anführen, das viel benutzte und auf Deutsch übersetzte Buch von Robert Marks über die Ursprünge der modernen Welt in der Periode von 1400 bis 1850. Marks schreibt über Europa während dieser Periode als einen Kontinent, der »... am Rande verzweifelt bemüht (ist) ..., zu den in Asien erzeugten Reichtümern vorzudringen«.[124] Er meint, »man könnte die globale Situation so deuten, dass die Europäer im Verhältnis zu Asien so minderbemittelt waren und noch so sehr am Rande der wirklichen Zentren von industriellem Wohlstand und industrieller Produktivität standen, dass sie heftig miteinander wetteiferten, Zugang zu den asiatischen Märkten zu erlangen.«[125] »Einige Teile der Welt«, so kann man bei ihm lesen, »besonders China und Indien, besaßen dem Rest der Welt gegenüber einen *technologischen Vorsprung* [Betonung im Original]. Sie konnten *industrielle* [Betonung Peer Vries] Erzeugnisse billiger und besser herstellen als irgendjemand irgendwo sonst, besonders Seide und Porzellan in China und Baumwollstoffe in Indien. Die Europäer waren besonders benachteiligt, weil

---

122 Siehe zum Beispiel für einen Überblick Thomas M. Buoye, *Manslaughter, markets, and moral economy. Violent disputes over property rights in eighteenth-century China* (Cambridge 2000) Kapitel 2.

123 Man findet sie, um nur ein paar Beispiele zu geben, auch in rezenten Publikationen von David Christian, Dennis Flynn und Arturo Giráldez, den beiden McNeills, Kenneth Pomeranz und Steven Topik sowie Clive Ponting.

124 Robert B. Marks, *Die Ursprünge der modernen Welt. Eine globale Weltgeschichte* (Darmstadt 2006) S. 55.

125 Marks, *Ursprünge der modernen Welt*, S. 30.

sie dem Rest der Welt wenig zu verkaufen hatten …«[126] Er
weist hin auf »… Chinas Verlangen nach Silber«, das »einen
weltweiten Nachfrageschub auslöste«, weshalb »der Weltmarkt mit chinesischen Erzeugnissen überflutet [sic! Peer
Vries] wurde«.[127] Das Land war »die größte und produktivs-
te Wirtschaft der Welt« und »der Motor, der den Großteil
der frühneuzeitlichen Wirtschaft mit dem Silber aus der
Neuen Welt antrieb«.[128] All diese Behauptungen führen zu
einer extremen Form der Silver-Sink-These: »Im Grunde
landeten während der drei Jahrhunderte von 1500 bis 1800
ungefähr drei Viertel der Silberproduktion der Neuen Welt
in China.«[129]

China importierte tatsächlich fast die ganze Frühe Neuzeit hindurch bis ins erste Jahrzehnt des 19. Jahrhunderts
hinein große Mengen Silber. Dann hörte der Zustrom lang-
sam auf. Die Tatsache, dass die Amerikaner noch einige Zeit
Silber nach China exportierten, maskierte die wesentliche
Verschlechterung der Lage nur kurz. Befürworter der Silver-Sink-These schätzen, dass die Hälfte, zwei Drittel oder,
wie wir gerade sahen, sogar drei Viertel des Silbers, das in
Lateinamerika produziert wurde, in China landeten und
dort blieben. Das kann nicht stimmen. Die Silbermengen,
die zur Zahlung der direkten europäischen Importe aus
China benötigt wurden, waren relativ klein. Wirklich groß
ist der direkte Handel zwischen China und Europa *vor*

---

126 Marks, *Ursprünge der modernen Welt*, S. 80.

127 Marks, *Ursprünge der modernen Welt*, S. 30.

128 Marks, *Ursprünge der modernen Welt*, S. 99.

129 Marks, *Ursprünge der modernen Welt*, S. 99. Als Quelle für diese Behauptung
nennt er Dennis O. Flynn und Arturo Giráldez, ›Spanish profitability in the
Pacific: The Philippines in the sixteenth and seventeenth centuries‹ in: Dennis
O. Flynn, Lionel Frost und A.J.H. Latham, Hg., *Pacific centuries: Pacific and
Pacific Rim history since the sixteenth century* (London 1999) S. 23–39, S. 23.

der Öffnung Chinas, aber auch *danach* nie geworden. Die Ausfuhr von Silber aus Europa über das Osmanische Reich oder Russland nach China war auch relativ gering. Indien hat Silber aus Europa, aber auch aus China und den Philippinen, angesammelt, statt es nach China zu schicken. Die direkten Silberimporte Chinas aus Lateinamerika über den Pazifik sind lange unterschätzt worden. Jetzt wird ihre Bedeutung aber oft übertrieben. Viel von diesem Silber ging außerdem über Manila nach Indien und *nicht* nach China. Immer mehr Silber blieb auch einfach in Lateinamerika. Die Silberimporte aus Japan, so sei nebenbei bemerkt, waren im 16. und 17. Jahrhundert sehr umfangreich; während des 18. Jahrhunderts hingegen wurden sie fast auf null reduziert.

Genaue Daten werden uns nie zu Verfügung stehen, aber alle seriösen Schätzungen bieten uns Summen, die viel niedriger sind als jene der Befürworter der Silver-Sink-These. Jan de Vries meint:

> … der Teil des in Lateinamerika produzierten Silbers, der in der ersten Hälfte des siebzehnten Jahrhunderts über irgendeinen Weg nach China kam, war wahrscheinlich nicht größer als zehn bis zwanzig Prozent. In der Periode, in der die Importe am umfangreichsten waren, zwischen 1725 und 1750, könnte China insgesamt ungefähr bis zu dreißig Prozent des Silbers, das in Lateinamerika produziert wurde, aufgenommen haben.[130]

Das ist natürlich beträchtlich, aber für ein Land, wo im 18. Jahrhundert im Durchschnitt ungefähr ein Drittel der Weltbevölkerung lebte und das wenig eigenes Silber hatte,

---

130 De Vries, ›Connecting Europe and Asia‹, S. 81.

auch nicht wirklich viel. In eigenen Berechnungen komme ich, wenn ich systematisch die *aller*höchste, für die Silver-Sink-These *aller*günstigste Schätzungen annehme, noch immer nicht auf einen höheren Anteil als dreißig Prozent für die ganze Periode von 1570 bis 1830. Das würde heißen, weniger als ein Drittel des in Lateinamerika produzierten Silbers landete in China und blieb dort.[131] Diese Schätzung ist mit Sicherheit zu hoch und es gibt viel niedrigere, zum Beispiel von Kent Deng.[132]

Es gibt aber auch verschiedene indirekte Hinweise dafür, dass sich in China keine Riesenmenge Silber angehäuft haben kann. Erstens war dafür die Kaufkraft von Silber in China im Vergleich zu Westeuropa einfach viel zu hoch. Die Preise von Produkten und auch die Löhne waren in China, in Silber ausgedrückt, viel niedriger als in Großbritannien. Der Tageslohn eines Arbeiters in London am Anfang des 19. Jahrhunderts war, in Gramm Silber, drei- bis viermal so hoch wie der seines Kollegen in Peking. Man konnte mit einem Gramm Silber in Peking ein Vielfaches von dem kaufen, was man in London dafür erhielt.[133] Das deutet nicht darauf hin, dass es in China ein relativ großes Angebot an Silber gab. Dasselbe gilt für die Tatsache, dass die Zinsen in China viel höher waren als in Großbritannien.[134] Auch nicht unwichtig erscheint mir, dass die Briten *de facto* schon seit 1717 auf den Goldstandard übergegangen waren. Silber galt in ihrem Land als Kleingeld.

---

131 Peer Vries, ›Orientalism inverted: or good reasons not to ReOrient the economic history of the early modern world‹. Paper presented on 21-3-2006 at a GEHN Conference sponsored by the Fondation des Treilles.

132 Kent Deng, Miracle or mirage.

133 Siehe Robert Allen u.a., Wages, prices, and living standards, 2005.

134 Jan Luiten van Zanden, ›The road to the industrial revolution. Hypotheses and conjectures about the mediaeval origins of the ›European miracle‹, *Journal of Global History* 3, 3 (2008) 337–359. S, 342–345 und 350–351.

In China hingegen wurde es im tagtäglichen Verkehr kaum benutzt, weil es zu ›groß‹, das heißt zu wertvoll war.

In der Literatur wird andauernd darauf hingewiesen, dass China so viel Silber importierte, weil der Staat ab dem Ende des 16. Jahrhunderts all seine Steuern in Silber erhob. Das hätte eine ›Versilberung‹ der ganzen chinesischen Wirtschaft herbeigeführt. Auch das ist nicht sehr glaubwürdig. Die Steuern waren in China *viel* niedriger als in Großbritannien und sie wurden außerdem zu einem sehr beträchtlichen Teil, auch während des ganz langen 18. Jahrhunderts, *nicht* in Silber erhoben, sondern in Kupfer oder in Form von Abgaben. Was hier über Großbritannien im Vergleich zu China behauptet wird, trifft auch für den Rest von Westeuropa zu, wenn auch in einem geringeren Ausmaß. Dort verdoppelte sich die Bevölkerung zwischen 1500 und 1800, die Preise stiegen auf das Dreifache und immer mehr Zahlungen fanden in Geld statt. Die Steuern, die fast nur noch in Geld bezahlt wurden, stiegen astronomisch an. Dies geschah in einer Zeit, als Silber die wichtigste Währung war. Das kann nur bedeuten, dass Europa sehr viel Silber (und sehr viel Gold, wovon die Befürworter der Silver-Sink-These merkwürdigerweise überhaupt nicht reden!) *nicht* exportiert hat.[135] Schätzungen über den tatsächlichen Edelmetallvorrat Chinas *pro Kopf* – und das ist, was letzten Endes wirklich zählt – am Anfang des 19. Jahrhunderts, also noch bevor das Silber anfing, das Land zu verlassen, sind überraschend niedrig und deutlich niedriger als jene Westeuropas.[136]

---

135 In meinem nächsten Buch werde ich mich ausführlich mit dieser These auseinandersetzen.

136 Man-houng Lin, *China upside down. Currency, society and ideologies, 1805–1856* (Cambridge Mass. 2006) S. 85. Dort wird dieser Vorrat auf ungefähr 2000

Wir haben gesehen, dass die Behauptung, dass China viel Silber akkumulierte, immer wieder mit Hinweisen auf die Überlegenheit Chinas in der industriellen Produktion und Produktivität verknüpft wird. China war wettbewerbsfähiger, heißt es immer wieder. Das ist merkwürdig. Bei Weitem der größte Teil des europäischen Handels mit China zwischen 1780 und 1860 war britischer Handel, und fast der ganze britische Import aus China war Tee-Import. Dies galt, wie wir ebenfalls bereits gesehen haben, auch in einem sehr hohen Maße für die Importe der Russen und Amerikaner.

In gewissen Bereichen und Perioden war die chinesische gewerbliche Produktion überlegen. Man denke nur an die Porzellanproduktion. Die Schätzungen der Porzellanimporte Europas aus China sind sehr unterschiedlich. Jan de Vries meint, der Gesamtimport Europas zwischen 1600 und 1800 belief sich auf siebzig Millionen Stück.[137] Es gibt viel höhere Schätzungen, zum Beispiel die von Henry Hobhouse, der meint, zwischen 1684 und 1791 seien allein von der britischen Ostindien-Kompanie ungefähr 215 Millionen Stück Porzellan nach Europa exportiert worden. Diese Zahl erscheint mir als bloße Spekulation.[138] Aber auch eine solche Zahl würde, wenigstens was die *Erträge* betrifft, nicht viel ändern, weil die meisten Stücke unvorstellbar billig waren und immer billiger wurden. Der Anteil des Porzellanhandels am

---

Millionen Dollar geschätzt. Das stimmt überein mit der Schätzung von Ramon Myers und Yeh-chien Wang in ihrem Aufsatz ›Economic developments, 1644–1800‹ in: Willard J. Peterson, Hg., *Cambridge History of China. Vol. 9, Part One. The Ch'ing dynasty to 1800* (Cambridge 2002) S. 563–645, S. 571. Sie schätzen Chinas gesamten Silberbestand von 1830 auf 1140 bis 1330 Millionen Tael, das heißt 1630 bis 1900 Millionen Dollar, zu einem Zeitpunkt, wo der ›drain‹ schon angefangen hatte.

137 De Vries, *The Industrious Revolution*, S. 130–131.
138 Hobhouse, *Seeds of change*, S. 138–139.

Handel der Kompanien war klein. Die gesamtwirtschaftliche Bedeutung dieses Handels für China, Großbritannien und den Rest Westeuropas wird leicht überschätzt. Robert Findlay behauptet, dass Porzellan nach 1717 nur ungefähr zwei Prozent des Gesamtwerts der Importe der britischen East India Company aus Asien ausmachte. Für die niederländische Ostindische Kompanie waren dies, zwischen dem Anfang des 17. und dem Ende des 18. Jahrhunderts ungefähr fünf Prozent bei einem Gewinnsatz von achtzig bis hundert Prozent. Im Vergleich zu Chinas Gesamtproduktion war der Export nach Europa winzig, der in andere Regionen Asiens hingegen viel größer.[139]

Im Kontext unserer Analyse ist aber am wichtigsten, dass die Europäer schon ab 1770 immer weniger Porzellan aus China kauften. In diesem Bereich hat Europa schon früh aufgeholt. Seit 1709 war bekannt, wie man Porzellan herstellen konnte, und man fing an, es selbst zu produzieren. Eine wichtige Rolle spielten hier Meißen und Sèvres, ab 1759 auch die Wedgwood-Fabriken in Stoke-on-Trent in Großbritannien. Außerdem kamen immer mehr in Europa angefertigte Ersatzprodukte auf den Markt. Die East India Company stellte, wie gesagt, 1791 ihre Importe sogar ein.

Die Seidenstoffe, die aus China nach Europa importiert wurden, waren Musterbeispiele von hoch entwickelten gewerblichen Produkten. Aber auch hier soll darauf hingewie-

---

139 Detaillierte Information über Mengen, Preise und Gesamtwert des nach Europa exportierten Porzellans bieten Maxime Berg, ›Manufacturing the Orient. Asian commodities and European industry (1500–1800)‹ in: Simonetta Cavaciocchi, Hg., *Prodotti e techniche d‹oltremare nelle economie Europee secc. XIII–XVIII* (Prato 1998) S. 416–419; Dermigny, *La Chine et L'Occident*, Band I, S. 388–392; Robert Findlay, ›The pilgrim art: the culture of porcelain in world history‹, *Journal of World History* 9, 2 (1998) 141–187, und Jörg, *Porcelain and the Dutch China trade*.

sen werden, dass deren Export in den Westen schon im 18. Jahrhundert stark abnahm. Dies trifft auf jeden Fall auf Europa zu, wo sich Italien zum größten Produzenten der Welt entwickelte.[140] Was China exportierte, war in zunehmendem – wenn auch insgesamt geringem – Maße Rohseide.

Der winzige Rest von Chinas Exporten bestand aus Metallen, mitunter Gold und Gewürzen.[141] Dass Gold exportiert wurde und dass dies von Frank als Zeichen für die Stärke der Wirtschaft Chinas angeführt wird, ist merkwürdig. Wenn vom Westen die Rede ist, gilt der Export von Silber als klares Indiz von Schwäche. Auch Franks Hinweis auf den Export von Kupfermünzen ist merkwürdig. Kupfer wurde von China viel öfter importiert als exportiert.

Faktisch bleibt von den 1780er-Jahren an also nur noch Tee als Exportprodukt der chinesischen Wirtschaft in den Westen übrig. Die Herstellung von Tee als Konsumgut erforderte viel Sachkenntnis und war zweifelsohne ein kompliziertes Verfahren. Wir reden nicht von einem einfachen Rohstoff. Es gab viele verschiedene Sorten und Varianten. Standardisierung der Qualität und Vereinheitlichung der Produkte waren nicht weit vorangeschritten. Es kostete professionellen Tee-Prüfern und Käufern im späten neunzehnten Jahrhundert mindestens fünf bis sechs Jahre, um sich berufliche Basiskenntnisse anzueignen. Es wurde jedoch kaum Technologie im Sinne von komplizierten Geräten angewandt. Wir sehen in diesem Bereich keine Innovationen. Das gilt auch im Bereich der Energie. Man nützte Muskelkraft und organische Materialien, die man beim Trocknen verbrannte. Tee war wortwörtlich *manu-factured*, mit der Hand hergestellt,

---

140 Giovanni Federico, *An economic history of the silk industry* (Cambridge 1997).
141 Dermigny, *La Chine et l'Occident.*

und kein industrielles Produkt. Dass die Chinesen Experten in dessen Herstellung waren, besagt nichts über ihr technologisches Raffinement, ihre Wettbewerbsfähigkeit oder ihre Produktivität im Vergleich zu anderen Ländern. Briten produzierten keinen Tee in ihrem Land, weil dort keine Teepflanzen wachsen konnten. Nachdem sie Teepflanzen erworben hatten und anfingen, diese in Indien und auf Ceylon massenhaft anzubauen, wurden sie schnell zu einem wichtigeren Spieler auf dem Weltmarkt als China.

Mir leuchtet nicht ein, dass die Tatsache, dass Menschen aus dem Westen Tee von Chinesen kauften – ein Produkt, dessen Rohstoff nirgendwo anders auf der Welt massenhaft an Ausländer verkauft wurde –, ein Indiz dafür sein soll, dass sie, wie Marks schreibt, unterentwickelt, arm, verzweifelt und ›Verlierer‹ waren, die Chinesen hingegen entwickelt, reich und ›Gewinner‹. Ich würde meinen, die Tatsache, dass Briten so viel Silber für ein Getränk von der anderen Seite der Welt übrig hatten, das außerdem im Durchschnitt im eigenen Land mit hundert Prozent besteuert wurde, zeigt doch gerade, dass sie *nicht* arm waren. Ein Land, das sich massenhaft einen derartigen Luxus leisten kann und will, ist auch nicht ›verzweifelt‹. Die Probleme mit dem Tee-Import waren Luxusprobleme. Wie der schon erwähnte Jonas Hanway sagte:

> Wie verrückt muß denn eine Nation geworden sein, wenn das einfache Volk nicht länger zufrieden ist mit gesundem Essen vom eigenen Boden und zu entlegenen Winkeln der Erde fährt, um seinem verdorbenen Gaumen zu behagen?[142]

---

142 Jonas Hanway, *An essay on tea considered as pernicious to health, obstructing industry and impoverishing the nation,* zitiert in Moxham, *Tea. Addiction, exploitation and empire,* S. 33.

Die britische Wirtschaft hatte immer und hätte auch weiterhin immer ohne Tee funktionieren können. Das Einstellen des Teehandels mit China hätte nur einen marginalen Effekt auf Großbritanniens Bruttosozialprodukt gehabt und man hätte leicht einen Ersatz gefunden. Es hatte für die chinesische Wirtschaft große Konsequenzen, als die Silberimporte aus Britannien, als dem Land, das ein paar Jahrzehnte lang der wichtigste Lieferant dieses Edelmetalls war, wegfielen. Allerdings muss man hier vorsichtig sein, nicht zu viel von Chinas damaligen wirtschaftlichen Problemen direkt auf ein lösbares monetäres Problem zurückzuführen.[143] Die negativen Effekte vom Nachfolger des Silbers als Importprodukt aus Großbritannien, oder in diesem Fall Britisch-Indien, dem Opium, waren auch groß, sicher noch größer als die Beträge, die im Opiumhandel umgesetzt wurden, andeuteten.[144]

Diejenigen, die denken, der Silbertransfer von Britannien nach China weise auf Verzweiflung hin, tun das wahrscheinlich, weil sie meinen, dass Europäer im Zeitalter des Merkantilismus nur Edelmetall gegen Waren ausgetauscht hätten, wenn es wirklich nicht anders ging, und auch dann nur mit größtem Widerwillen. Dies war aber oft gar nicht der Fall. Im Gegenteil: Es gab verschiedene gute Gründe, Silber nach China zu bringen. Erstens konnte man dort mit Silber einfach viel mehr kaufen als in Europa. Das Land war für Europäer sehr billig und die Chinesen, wie europäische Händler immer wieder betonten, ›verrückt‹ nach Silber.[145] So konnte man mit einer relativ kleinen Fracht (Silber) eine relativ große Fracht (Güter) kaufen. Die Reise, die man

---

143 Für eine Analyse siehe Man-houng Lin, *China upside down.*

144 Zheng Yangwen, *The social life of opium in China* (Cambridge 2005).

145 Ich habe in meiner anstehenden Publikation über die Silver-Sink-These viele Zitate dazu versammelt.

machte, war sehr lange. Welchen Sinn hätte es gehabt, etwas Billiges nach Asien zu bringen? Außerdem konnte man in China Silber gegen Gold eintauschen. Die Unterschiede im Wertverhältnis von Gold und Silber zwischen Europa und China waren oft groß, obwohl sie gerade durch solche ›Arbitragegeschäfte‹ natürlich auch verringert werden konnten. Man bekam in China mehr Gold (oft sogar viel mehr) für sein Silber als in Europa. Dieses Gold brachte man nach Europa, wo man es wieder gegen Silber eintauschte, und so weiter. Viele Angehörige der britischen East India Company nahmen für solche lukrativen Transaktionen sogar extra Silber mit auf ihre Schiffe. Das war ihnen erlaubt. Ein anderes lukratives Silbergeschäft in China bestand darin, es an Kaufleute in Kanton zu verleihen.[146]

Dieses Suchen nach Gründen, wieso eine Handelskompanie und viele Privathändler Silber nach China schleppten, hat etwas Merkwürdiges. Die einfache Tatsache, dass dies mehrere Jahrzehnte der Fall war, kann nur eines bedeuten: Es lohnte sich offensichtlich. Man sollte in diesem Kontext einen fundamentalen Unterschied im Auge behalten. Es floss permanent Silber von Großbritannien nach China. In dem Sinne hatte das *Land* Großbritannien tatsächlich ein Handelsbilanzdefizit mit China. Die britischen *Händler* aber, die am Geschäft mit China beteiligt waren, hatten in ihrem *Gesamthandel* kein Defizit. Sie brachten auch Waren von anderswo, vor allem aus Indien, nach China. Dafür wurden sie natürlich bezahlt, und was sie in China oder irgend anderswo kauften, konnte für mehr Geld in Britannien oder sonst wo wieder verkauft werden. Wir reden hier einfach von guten Geschäften. Wenn geklagt wurde, dann meist

---

146 Siehe S. 67.

deswegen, weil man gerne noch bessere Geschäfte gemacht hätte.

Das heißt nicht, dass nicht viel und oft angeregt über das Abfließen von Edelmetallen nach Asien diskutiert wurde, sei es, dass dies im 18. Jahrhundert in Britannien schon bedeutend weniger der Fall war als vorher. Nach China exportierten die Briten, wie gesagt, Silber. Davon war Großbritannien jedoch weniger abhängig geworden. Es hatte *de facto* schon seit den 1720er-Jahren einen Goldstandard. Dazu kam, dass es genügend Kupfer hatte, obwohl zu wenig Kupfergeld gemünzt und sehr viel Kupfer exportiert wurde, und über ein funktionierendes Banksystem mit Papiergeld und Krediten verfügte. Der britische Staat behielt trotzdem gern so viel Edelmetall wie möglich im Lande, weil dies für die Zahlung des Militärs unentbehrlich war und letzten Endes die Basis des monetären Systems bildete. Unter Bürgern wurde der Topos vom Orient als Silber-Friedhof oft als Anlass oder *Vorwand* benützt, um etwas gegen Kompanien oder Länder, wo diese aktiv waren, zu unternehmen. In Großbritannien ist aber das Geld nie knapp geworden als Folge des Handels mit Asien. Mit Sicherheit gab es manchmal Probleme. Während der Napoleonischen Kriege und dem darauf folgenden Jahrzehnt sogar sehr große. Damals wurde die Konvertibilität aufgehoben. Der Grund dafür war allerdings ein enormer Anstieg der Ausgaben des Staates und ein Rückgang der Edelmetallproduktion in Lateinamerika, nicht ein massiver Edelmetallabfluss nach Asien.

Befürworter der Silver-Sink-These diskutieren die Handelskontakte zwischen Großbritannien und China sowie auf einem breiteren Niveau auch zwischen dem Westen und Asien als ein Null-Summen-Spiel, bei dem diejenigen, die Edelmetalle erwarben, ›Gewinner‹ und diejenigen, die in

Silber zahlten, in unserem Fall die Briten, ›Verlierer‹ waren. Selbst wenn die Briten in diesem Austausch Vorteile erzielten, so lagen die größeren Vorteile, wenn man den Befürwortern der Silver-Sink-These folgt, aufseiten Chinas.

Augenscheinlich hat auch diese Behauptung, die mit der vorigen über Profite verwandt ist, ihre ›Logik‹. Die Chinesen blieben ruhig zu Hause und verkauften, die Briten kamen von weit her, um zu kaufen, und mussten mit barem, gutem Geld zahlen. In diesen *bilateralen* Kontakten sollen die Briten ein permanentes Defizit und die Chinesen einen permanenten Überschuss gehabt haben. Auch hier ist der erste Eindruck nicht unbedingt der richtige. Wenn man unbedingt von Gewinnern und Verlierern in einer Handelsbeziehung sprechen möchte, was bei den freiwilligen Transaktionen, über die wir hier reden, schon sehr fragwürdig ist, dann könnte man sagen, dass der Handelspartner, der am meisten Mehrwert produziert und bekommt, auch am meisten vom Handel mit einem bestimmten Produkt hat.

Wenn wir uns den britisch-chinesischen Teehandel ansehen, wird schnell klar, wer am meisten Mehrwert kreierte. Das waren die Briten. Nehmen wir ein repräsentatives Beispiel. Ganz grob geschätzt verdoppelte sich in den ersten Jahrzehnten des 19. Jahrhunderts der Wert des Tees einmal zwischen dem Moment, in dem er geerntet, und jenem, in dem er in Kanton an Bord ging, dann noch einmal zwischen der Ausfuhr aus Kanton und dem Moment, in dem er in Großbritannien besteuert wurde, und ein weiteres Mal durch die Besteuerung des Verkaufspreises auf dem heimischen Markt.[147] Die Steigerung des Preises, die eintrat zwischen

---

147   Ich habe diese Schätzung auf Basis von Information aus Gardella, *Harvesting mountains;* Hobhouse, *Seeds of change;* Macfarlane und Macfarlane, *Green gold;*

dem Moment, als der Tee durch die Kompanie oder Privathändler verkauft und vom Staat besteuert wurde, und dem
Moment, als er an die Konsumenten verkauft wurde, ist hier
noch nicht einmal miteinbezogen. Man könnte denken, dass
sehr viel von diesem Mehrwert einfach die Transportkosten
von China nach Großbritannien ausmachten. Das war aber
nicht der Fall. Sie stellten nur einen sehr geringen Prozentsatz dar.

Dass die Briten sehr viel am Tee*handel* verdienten, war
den Chinesen bewusst. Lin Zexu schrieb in einem Brief an
Königin Victoria

> Die chinesischen Güter, die ihr Land hier wegführt, dienen
> nicht nur ihrem eigenen Konsum und Nutzen, sie können
> auch aufgeteilt und an andere Länder verkauft werden, wo-
> durch sie einen dreifachen Profit bringen.[148]

Es störte sie aber anscheinend nicht besonders.

Es ist ein Fehler zu denken, dass diejenigen, die eine
Ware produzieren und verkaufen *per definitionem* die ›Gewinner‹ sind, und diejenigen, die sie ›nur‹ kaufen, immer
die ›Verlierer‹. Wenn man Güter irgendwo billig kauft und
sie irgendwo anders teuer *verkauft*, kann man gut verdie-
nen, oft viel mehr als der tatsächliche Produzent. Gerade
das macht die Essenz des *Handels*kapitalismus der Frühen
Neuzeit aus. Dienstleistung kann sehr lukrativ sein. Zu
oft wird übersehen, dass Großbritannien im 19. Jahrhundert *mehr* noch als ›die Werkstatt der Welt‹ das ›Dienst-

---

Mui und Mui, *The management of monopoly*; Wong, *Deadly dreams*, und Zhang
Guotu, *Tea, silver, opium and war*, vorgenommen.
148 ›Lin Tse-hsü's moral advice to Queen Victoria‹, S. 26.

leistungszentrum der Welt‹ war und daran ausgezeichnet
verdiente.

Die Teehändler und der Staat

So viel zum Handel. Nun ist es an der Zeit, mehr über die
Händler zu erzählen. In Analysen des Handels zwischen
China und Britannien findet man meistens eine fast exklu-
sive Aufmerksamkeit für die East India Company auf der
einen Seite und für die Mitglieder der sogenannten Hong,
in Handelshäusern organisierte Kaufleute, die zusammen
eine ›Gilde‹, die sogenannte Co-Hong bildeten, auf der anderen. Das wird auch hier der Fall sein. Zwei Randbemer-
kungen sind aber angebracht. Das Monopol der britischen
Kompanie endete 1834; und mit dem Vertrag von Nanking
von 1842 nach dem ersten Opium-Krieg gab es auch keine
Co-Hong und Hongs mehr, wodurch der Teehandel auf
beiden Seiten ›frei‹ wurde. Die zweite Randbemerkung betrifft die Art der Handelspartner. Beide Parteien werden
andeutungsweise meistens als Monopolisten dargestellt. Es
handelt sich hier um sehr wichtige und für eine politisch-
ökonomische Analyse sicher die informativsten Akteure,
aber das darf nicht darüber hinwegtäuschen, dass sie kein
Monopol besaßen. Gehen wir daher etwas näher auf sie ein.

Die britische East India Company hatte eine Charta, die
sie im Alltagsleben autonom funktionieren ließ. Sie bildete
eine formelle Organisation und konnte über externes Kapital verfügen. Das Verhältnis zwischen Staat und Kompanie-
Händler war nicht antagonistisch. Es gab oft gemeinsame
Interessen und ein gemeinsames Vorgehen. Das heißt nicht,
dass ›power‹ und ›profit‹ identisch waren. Das Verlängern
der Charta zum Beispiel war kein Automatismus, genauso
wenig wie die Anerkennung gewisser Monopole. 1813 ging

das Monopol auf den Handel mit Indien verloren. 1834 kam das Ende des offiziellen Monopols im Chinahandel hinzu. Das bedeutete aber nicht das Ende schlechthin. Ganz im Gegenteil kann man sagen, die Kompanie wurde offizieller politischer Machthaber in Indien. Das dauerte bis 1857, als die britische Regierung die direkte Verwaltung ihrer indischen Kolonie selbst in die Hand nahm. Es gab immer auch Kritik am Verhalten der Kompaniediener und seit den 1780er-Jahren existierte ein Art Aufsichtsrat der Regierung. Es gab im Prinzip Kontrolle vonseiten des Staates und gewisse Verpflichtungen, auf die ich später näher eingehen werde.

Aber die Beziehungen konnten ganz eng und direkt sein, und der Einfluss bestimmter wirtschaftlicher Interessengruppen, innerhalb *und* außerhalb der Kompanie, auf die Politik war erstaunlich. Die Kompanie zahlte Steuern und borgte dem Staat Geld. Politiker besaßen Kompanie-Aktien, und es gab allerhand persönliche Vernetzungen. Im Bereich des britisch-chinesischen Handels gibt es dafür ganz konkrete Beispiele aus der Zeit, wo die Kompanie noch ein Monopol besaß, aber auch nachher. Der Kopf, der hinter der Planung des ersten Opium-Krieges steckte, war William Jardine. Dieser gehörte der führenden Opium importierenden Firma Jardine, Matheson and Company an. Er ging in seiner Einmischung so weit, dass er Außenminister Palmerston (1784–1865) zwischen 1839 und 1840 persönlich Ratschläge über die Größe der Schiffe, die man im Falle eines Krieges benützen sollte, gab und über die Konditionen für einen Vertrag mit China, bei dem er nur die Namen der zu besetzenden Inseln und die genaue Summe Geldes, die man von China fordern sollte, offen ließ. Unterstützung bot er nicht nur verbal. Er vermietete auch Schiffe an die

Royal Navy und lieh ihr Lotsen und Übersetzer.[149] Auch der zweite Opium-Krieg (1856–1860) war letzten Endes ein Handelskrieg, trotz aller Versuche, einen diplomatischen Konflikt vorzutäuschen.

Die Ostindische Kompanie war kein wirklicher Monopolist im wirtschaftlichen Sinne des Wortes. Sie war kein Einzelverkäufer, der eigenständig seine Preise fixieren konnte. Bis 1784 gab es einen enormen Schmuggel von Tee, der von anderen Händlern nach Europa gebracht wurde. Und es gab den ›privileged trade‹ – erlaubte Nebengeschäfte für Kompaniemitglieder. Der Umfang dieser Nebengeschäfte nahm mit der Zeit ab und Tee hatte darin niemals eine wichtige Rolle gespielt. Daneben gab es noch den ›private trade‹, privaten Handel von Personen, die auch für die Kompanie arbeiteten und nebenbei ihre eigenen Geschäfte machten. Gemeinsam beteiligten sie sich immer mehr am innerasiatischen Handel und wurden zu Konkurrenten der Kompanie. Es wird immer klarer, dass sehr viel Handel mit China auch während der Kompanie-Zeit nicht wirklich in den Händen der Kompanie lag.[150]

Nicht nur beeinträchtigte die Existenz von Handel und Händlern außerhalb der Kompanie ihr Monopol. Auch den Preis des eigenständig nach Britannien gebrachten Tees konnte die Kompanie nicht selbst festlegen. Der Tee musste nach dem Entladen auf einer öffentlichen Auktion zum Verkauf angeboten werden. Ganz so schlimm, wie sich dies anhört, war es auch wieder nicht, da der Ausgangspreis immer schon die primären Kosten deckte, das heißt die Kosten von

---

149 Wong, *Deadly dreams*, S. 311, und Buckley Ebrey, *Cambridge Illustrated History of China*, S. 239.

150 Siehe zum Beispiel Van Dyke, *The Canton trade*, Conclusion, und Greenberg, *British trade and the opening of China*.

Ankauf, Gebühren in China, Transport, Import, Versicherung plus einem Entgelt in der Höhe des offiziellen Zinssatzes über die gesamte investierte Summe. Aber es war nichtsdestoweniger eine Auktion. Bei dieser Auktion waren Beamte von der *Excise*, dem Amt für Verbrauchersteuern, anwesend, um alles im Auge zu behalten und auf der Basis des zustande gekommenen Preises Steuern zu erheben. Außerdem war die Kompanie verpflichtet, eine Reserve in der Größe des jährlichen Gesamtkonsums zu halten.[151] Der Staat hatte seine eigenen Interessen und verlieh kein uneingeschränktes Monopol.

Britische Kompaniediener, die Tee oder bestimmte andere Produkte kaufen wollten, mussten sich an eine Gruppe chinesischer Kaufleute wenden, die von der Regierung explizit beauftragt waren, den Handel mit den Ausländern zu betreuen. Diese sogenannten Hong-Kaufleute bildeten mit ihren Handelshäusern ein Kollektiv mit dem Namen Co-Hong, das oft als ›Gilde‹ bezeichnet wird. Auch sie werden oft als Monopolisten dargestellt. Das ist sicherlich übertrieben.[152] Im Vergleich zu den westlichen Kompanien bildete die Co-Hong nur einen schwach integrierten Verband. Die Hongs hatten keine Charta, waren vom Staat abhängig und konnten nicht wie eine Aktiengesellschaft Kapital von außerhalb anziehen. Sie schafften es nie, die Preise wirklich zu bestimmen oder den Zugang zum Nachschub völlig zu kontrollieren. Versuche der Co-Hong, einen derartigen Monopolstatus zu erwerben, wurden von der Regierung in

---

151 Siehe Mui und Mui, *The management of monopoly.*

152 Für das Funktionieren des Kanton-Systems siehe Van Dyke, *The Canton trade;* Greenberg, *British trade and the opening of China;* Yen-p'ing Hao, *The commercial revolution in nineteenth-century China. The rise of Sino-Western mercantile capitalism* (Berkeley, Los Angeles und London 1986) Kapitel 2; Zhuang Guotu, *Tea, silver, opium and war,* Kapitel 1.

Peking und ihren Vertretern in Kanton immer wieder unterdrückt. Man befürchtete, dass zu hohe Preise die Ausländer abschrecken könnten, was weniger Einkünfte für die Regierung bedeutet hätte. Es war den Hong-Kaufleuten auch nicht erlaubt, kollektiv zu verhandeln und sich auf einen gemeinsamen Preis oder eine gemeinsame Strategie zu einigen. Sie sollten immer separat mit Ausländern verhandeln. Sie wurden andauernd von den Hoppos, den kaiserlichen Zoll-Superintendenten, kontrolliert und erpresst. Um ihre Macht weiter einzuschränken, erlaubte die Regierung außerdem immer auch Außenseitern einen gewissen Prozentsatz des Gesamthandels der Produkte, die unter das Co-Hong-›Monopol‹ fielen, für sich zu beanspruchen. Meistens waren dies rund dreißig Prozent. Das galt auch für Tee. Bei gewissen Produkten ließ sie den Handel völlig frei.

Mitglied einer Hong zu sein war eher Pflicht als Privileg und bedeutete oft mehr Last als Lust. Man wurde bestellt und konnte das vorgebrachte ›Angebot‹, das außerdem 200.000 Tael kostete, nicht verweigern.[153] Mitglieder konnten von ihrer Position nicht ohne Genehmigung zurücktreten und sollten für einander, das heißt für jedes Mitglied des Kollektivs, bürgen. Sie waren verantwortlich für all ihre ausländischen Kontakte und für das Benehmen ihrer ausländischen Handelspartner. Das bedeutete, dass sie auch darauf achten mussten, dass alle Gebühren und Zölle einkassiert wurden. Hong-Kaufleute durften das Land nicht verlassen. Ausländer, die ihren Verpflichtungen nicht nachkommen wollten, hatten so die Gelegenheit, nach Hause abzuhauen, wo sie ihr chinesischer Gläubiger nicht belästigen konnte.

---

153 Für die Kosten siehe Hosea Ballou Morse, *The guilds of China* (London 1909) S. 81.

Die Hong-Kaufleute waren nicht nur ständig der Erpressung von Beamten ausgesetzt: sie zahlten außerdem regelmäßig ›freiwillige Beiträge‹ an die Regierung. Der chinesische Historiker Zhuang Guotu verfasste eine Liste der offiziellen ›Beiträge‹ zwischen 1773 und 1832. Die Gesamtsumme belief sich auf sieben Millionen Tael, und es gibt Hinweise darauf, dass die tatsächliche Summe höher war.[154] All dies führte oft zu großen Problemen bei den Hongs, die ohnehin ständig knapp bei Kasse waren. Die Teehändler, die ihnen Tee lieferten, verlangten große Vorschüsse als Anzahlung für Tee, den sie erst im darauffolgenden Jahr lieferten. Dies führte, da es keine Möglichkeit gab, Kapital durch Ausgabe von Aktien anzuziehen, zu der merkwürdigen Situation, dass den Hongs oft nichts anderes übrig blieb, als sich Geld von ihren ausländischen Handelspartnern, Briten oder auch Inder, zu leihen.[155] Die Briten beherrschten den Kapitalmarkt in Kanton, weil sie sich zu Hause gegen zehn bis fünfzehn Prozent Zinsen im Jahr Geld leihen konnten, während der Zinssatz in China zwischen achtzehn und sechsunddreißig Prozent pro Jahr lag.[156] Westliche Händler ›halfen‹ den Hongs gerne: Sie konnten hohe Zinsen beantragen und es bestand dank dem System der Kollektivhaftung kein Risiko, dass sie ihr Geld nicht zurückbekommen würden. Verschuldung war unter den Hongs die Regel. Wir

---

154 Zhuang Guotu, *Tea, silver, opium and war*, S. 41–42. Vgl. aber Frederick Wakeman Jr., *Strangers at the gate. Social disorder in South China, 1839–1861* (Berkeley und Los Angeles 1966) S. 48, wo der Autor schreibt, dass sich die offiziell registrierten Beiträge der Hong zwischen 1773 und 1832 auf vier Millionen Tael beliefen, aber dass es eine Schätzung gibt, dass eine einzige Familie, die Familie Wu, tatsächlich schon mehr als zehn Millionen Tael an Beiträgen gezahlt hat.

155 Zhuang Guotu, *Tea, silver, opium and war*, S. 43.

156 Siehe zum Beispiel Van Dyke, *Canton trade*, S. 150–156.

reden hier über große Summen. Der eben erwähnte Zhuang Guotu schätzt die Gesamtschulden der Hong-Kaufleute bei westlichen Kollegen über die achtzig Jahre des Bestehens des Kanton-Systems (1759–1839) auf mehr als drei Millionen Pfund Sterling.[157] Es braucht einen daher nicht zu wundern, dass viele Hongs in Konkurs gingen. Zwischen 1750 und dem ersten Opium-Krieg machten von vierunddreißig identifizierbaren Hong-Kaufleuten vierundzwanzig Bankrott.[158]

Der britisch-chinesische Handel war ein stark reglementierter Handel. Man bekommt aber nicht den Eindruck, dass die chinesische Zentralregierung bis zur Einführung der Transitsteuer primär an dessen Besteuerung interessiert war. Ihr schien es zu reichen, jährlich eine bestimmte Summe zu erhalten. Diese Summe stieg zwar, aber im Vergleich zu den möglichen Erträgen und dem, was die britische Regierung einholte, war sie doch recht niedrig. Der Hof war kaum über die Geschehnisse in Kanton informiert und auch wenig daran interessiert. Gebühren und Zölle wurden zum Beispiel in Zeiten von Inflation nicht systematisch angepasst. Der chinesische Staat führte kein Buch über diesen Handel und produzierte keine Unterlagen. Auf der chinesischen Seite gab es auch nur wenige private Quellen. Händler hatten Angst, habgierige Beamte könnten zu viel über ihre Geschäfte herausfinden, und dokumentierten deshalb nur sparsam und für kurze Zeit. Die meiste Information kommt daher von Ausländern.

Ein kaiserlicher Zoll-Superintendent oder Hoppo bekleidete sein Amt, wie alle Beamten in China, für drei

---

157 Zhuang Guotu, *Tea, silver, opium and war*, S. 49.
158 Zhuang Guotu, *Tea, silver, opium and war*, S. 46.

Jahre. Er hatte meistens zwei Ziele. Das eine war, nicht in Schwierigkeiten zu geraten. Das bedeutete, dass er mindestens genau so viel und vorzugsweise etwas mehr Geld als sein Vorgänger nach Peking schicken musste. Beim starken Anstieg des Handels war das nicht so schwierig. Das andere war, so gut wie möglich für die *eigenen* Finanzen zu sorgen. Dazu boten sich ihm ausreichend Möglichkeiten. Beim Ausquetschen der Hong ließ der Hof seinen Beamten meistens freie Hand.

Der Staat betrachtete Handelskontakte mit dem Westen primär von einer politischen Perspektive. Das zeigt sich in der Tatsache, dass Tee bis zur ›Öffnung‹ Chinas nach dem ersten Opium-Krieg nur über Kanton exportiert werden durfte. Die Benutzung eines Hafens in Fujian – jener Region, aus der der größte Teil des Tees kam, der in den Westen exportiert wurde – wäre viel effizienter und billiger gewesen, wurde aber von dem Daoguang-Kaiser (1820–1850) abgelehnt und von seinen Beamten verhindert. Die Gründe dafür waren politisch: Nur auf einen Ort konzentriert, war der Außenhandel leichter zu kontrollieren. Obwohl nach Schätzungen der Transport über das Meer nach Kanton zehnmal billiger gewesen wäre, durfte Tee von Fujian nur über den Landweg auf sehr unwegsamen Straßen, auf denen man viele Wochen unterwegs war, nach Kanton gebracht werden.[159] Dies erleichterte den Behörden die Aufgabe, den Handel so gut wie möglich im Auge zu behalten. Tee war kein Ausnahmefall. Für Seide waren die Maßnahmen ähnlich.

Obwohl die Zentralregierung auf ihr Steuereinkommen achtete und man auf lokaler Ebene die Möglichkeiten, et-

---

159 Siehe für den Transport zum Beispiel Macfarlane und Macfarlane, *Green gold*, S. 105–109.

was ›dazuzuverdienen‹, nicht gerne verlor, war die Zentralregierung wenigstens nicht, wie es in Europa die Regel war,
darauf erpicht, die Steuern ständig zu erhöhen. Zwischen
dem Ende des 17. Jahrhunderts und 1853 wurde das Steuersystem als solches nicht geändert, und die Steuern wurden
insgesamt kaum erhöht. In Silber berechnet *sank* der Steu-
erdruck pro Kopf über die ganze Periode hinweg. Da Silber aber zwischen ungefähr 1820 und den 1850er-Jahren viel
knapper und damit teurer wurde, bedeutet das sicher nicht,
dass er auch immer als tatsächlich niedrig erfahren wurde.
Die Bodensteuer erbrachte über diese ganze Periode hinweg immer ungefähr drei Viertel der gesamten Steuereinnahmen. Daneben gab es eine substanzielle Salzsteuer, Zölle
und eine Menge kleiner Einkünfte. Der genaue Umfang der
Fülle von *inoffiziellen* und gelegentlichen Einkünften, die
nie die Staatskasse erreichten, lässt sich natürlich nicht fest-
stellen. Erst in den 50er-Jahren des 19. Jahrhunderts änderte
sich dies, als die Zentralregierung, wie bereits erwähnt, unbedingt mehr Geld brauchte und versuchte, dieses – mit be-
scheidenem Erfolg – vor allem über die Transitsteuer *Lijin*
aufzubringen. Chinas Steuersystem unterschied sich völlig
vom britischen, wo die Gesamtsteuern, die pro Kopf um ein
Vielfaches höher waren, bis in die 1820er-Jahre kontinuier-
lich stark anstiegen, Zölle und Verbrauchssteuern bei Weitem die wichtigste Einkommensquelle der Obrigkeit waren
und der Staat extrem verschuldet war.[160]

An anderer Stelle war bereits von der Besteuerung des
Tees in Großbritannien die Rede. Es wurde angedeutet,
wie viel die Teesteuer einbrachte und wie sich die Steuer-

---

160 Für diese riesigen Unterschiede siehe mein Buch *A world of surprising differences: state and economy in early modern Western Europe and China*, in Druck.

sätze änderten. Steuern waren dort aber nicht nur eine Einkommensquelle des Staates. Sie waren oft auch Instrument
einer weitgreifenden merkantilistischen Strategie, um die
Wirtschaft zu lenken und Einfluss auf Import und Export,
Konsum und Produktion auszuüben. Wenn wir uns auf den
Konsum beschränken, wird zum Beispiel klar, dass die Frage, ob und wie viel Tee oder Kaffee, Bier oder Wein, Baumwolle oder Wolle konsumiert wurde, nicht nur Geschmacks-
sache war. Dies hing oft auch ab von der Besteuerung,
wurde dann also auch von oben gelenkt.[161] Eine derartige
Steuerpolitik fehlte in China völlig. Dort war Steuerpolitik
nur Einkommenspolitik vonseiten des Staates.

Für Tee gab es in Großbritannien nach dem Intermezzo
von 1784 bis zum Ende der 1790er-Jahren immer sehr hohe
Importsteuern, die aber den Konsumenten nicht dazu veran-
lassten, seinem Lieblingsgetränk Lebewohl zu sagen. Diese
Steuern bildeten für die Regierung, wie wir schon sahen, eine
wichtige Einkommensquelle. Der Ostindischen Kompanie
und später den freien Teehändlern wurde ein anständiger Profit gegönnt. Aber die Regierung war immer daran interessiert,
dass die Teepreise nicht so hoch wurden, dass der Konsum
nachließ und damit die Steuereinnahmen sanken. Das war der
Grund, wieso sie darauf achtete, dass die Ostindische Kompanie ihr Monopol nicht missbrauchte. Auch als es kein Monopol mehr gab, blieb die Regierung daran interessiert, dass
die Händler den Konsum nicht gefährdeten. Daraus resultier-

---

161 Beispiele findet man in William J. Ashworth, *Customs and excise. Trade, production, and consumption in England, 1640–1845* (Oxford 2003); John V.C. Nye,
War, wine and taxes. The political economy of Anglo-French trade, 1689–1900
(Princeton und Oxford 2007), und S.D. Smith, ›Accounting for taste: British
coffee consumption in historical perspective‹, *Journal of Interdisciplinary History* 27, 2 (1996) S. 183–214.

te eine gemeinsame Interessenlage der britischen Regierung *und* der britischen Teehändler und Verkäufer. Je niedriger die Zahlungen an die Chinesen ausfielen, desto mehr Raum gab es für alle am Geschäft beteiligten Briten, inklusive des Staates, um *ihren* Anteil am Endpreis zu erhöhen, und desto weniger – und daran waren vor allem Regierung und Führung der East India Company interessiert – Silber floss nach China ab. Dieser Abfluss wurde in gewissen Kreisen als Problem gesehen. Das zeigt sich darin, dass man versuchte, Silber zuerst durch Baumwollexporte und später durch Opiumexporte aus Indien zu ersetzen. Dieser Versuch hatte, wie bekannt, Erfolg. Schon im ersten Jahrzehnt des 19. Jahrhunderts fing der ›drain‹ aus Britannien an auszutrocknen.

Das Umgehen des chinesischen Monopols

Die Frage war natürlich, wie man den chinesischen Anteil am Endpreis senken konnte. Die offenkundige Lösung wäre gewesen, Produktion und Transport innerhalb Chinas zu übernehmen oder diese wenigstens stärker zu kontrollieren. Das war aber nicht einfach. Bis zum Ende des ersten Opium-Krieges, der teilweise geführt wurde, um dies zu erreichen, gab es überhaupt keine Möglichkeiten, die primären Produktionskosten direkt zu beeinflussen, Mittelsmänner zu eliminieren oder die chinesischen Steuern zu senken. Man konnte nur in Kanton verhandeln und hoffen, dass ein günstiger Preis herauskam. Es war nicht erlaubt, sich den Tee dort zu holen, wo er produziert wurde; geschweige denn ihn dort selbst zu produzieren. Man hatte auch keinen direkten Einfluss auf die Menge oder Sorte des angebauten Tees. Händler aus dem Westen durften jenen Teil Kantons, der für sie reserviert war, nicht verlassen. Nach dem ersten Opium-Krieg waren sie faktisch noch immer eingesperrt, nun eben in den Vertragshäfen. Die chinesische Teeproduktion ist nie in ausländische Hände geraten.

Es gab deshalb auch schon ziemlich früh eine Politik der East India Company *und* der britischen Regierung, die darauf abzielte, Chinas Monopol zu umgehen und irgendwo anders unter günstigeren Konditionen selbst Tee anzubauen. Expeditionen versuchten herauszufinden, wo sonst Teepflanzen wuchsen oder gepflanzt werden konnten. Der britische Staat unterstützte den ›Teesektor‹ auf allerhand Arten und Weisen, direkt aber auch indirekt und vielleicht sogar unbewusst, zum Beispiel durch Standardisierung von Maßen und Gewichten und Vereinheitlichung der Qualität und Verpackung. Er war sogar, wie sich in den beiden Opiumkriegen zeigte, bereit, für Handel und Händler Krieg zu führen, was die Qing-Herrscher in China nie gemacht hätten und auch von ihren Gegnern nicht erwarteten. Robert Fortune wurde noch in den 1840er-Jahren dafür bezahlt, sich den Teeanbau in China anzusehen und Pflanzen außer Landes zu bringen.

Es gelang den Briten nicht, die Lage in China nach ihren Vorstellungen zu gestalten. Sie fanden oder besser schufen sich aber eine Alternative in Indien, vor allem in Assam. Dort gelang es ihnen, Plantagen zu gründen und selbst im großen Stil Tee anzubauen. Dieses zunächst mühsame Unterfangen hatte schon in den 1820er-Jahren einen Anfang genommen, ging aber erst ab 1839, zu Beginn des ersten Opium-Krieges, richtig los. Mit dem Verschwinden des Monopols auf den Teehandel der Kompanie, die natürlich nie begeistert gewesen war von der Idee, dass auch irgendwo außerhalb Chinas – des Landes, dessen Teehandel mit Großbritannien sie monopolisierte – Tee produziert wurde, änderten sich die Verhältnisse völlig. In Indien entstand eine

Teeproduktion in der Form, wie man sie sich üblicherweise vorstellt. Es wurde nur für den Markt produziert, in großem Stil, auf Plantagen, die wie ein wirtschaftliches Unternehmen geführt wurden. Die ersten dieser Plantagen waren in den Händen einer Aktiengesellschaft, der Assam Company, die innerhalb von ein paar Tagen für 500.000 Pfund Sterling Aktien verkaufte. Arbeiter wurden von außen angeworben. Sie waren nie wirklich frei. Die Arbeitsverhältnisse waren ganz anders als jene in China oder Großbritannien, zumal die Sklaverei in Indien erst 1843 abgeschafft wurde.[162] Nach einer Schätzung gab es dort 1833 zwischen acht und sechzehn Millionen Sklaven. Außer der Sklavenarbeit gab es lange Zeit die Arbeit der direkt im Dienst der Kompanie stehenden Inder, deren Arbeitsverhältnisse sich von jenen der Sklaven oder Leibeigenen viel weniger unterschieden als von jenen freier Arbeiter. Als das Monopol der Kompanie für Indien verschwand, verbesserte sich die Lage nicht unbedingt. Die Arbeitsverhältnisse waren auf vielen der neuen indischen Teeplantagen entsetzlich. Die Arbeit wurde in vielen Fällen bis zu Beginn des 20. Jahrhunderts von zehntausenden Kulis geleistet, die unter Bedingungen lebten, die einer sehr harten Form von Sklaverei ähnelten.[163]

Für die Inhaber und die finanziell Beteiligten waren die Plantagen im Allgemeinen ein wirtschaftlicher Erfolg. Nach Assam wurden zum Beispiel auch Darjeeling und Ceylon wichtige neue Teeproduzenten. Auch Japan betrat die Bühne des internationalen Marktes. Die japanischen Exporte bewegten sich zwar in einer anderen Größenordnung, aber

162 Burton Stein, *A history of India* (Oxford und Malden 1998) S. 216–220.
163 Siehe für all diese Informationen zum Beispiel Moxham, *Tea. Addiction, exploitation and empire*, Kapitel 3 und 4.

die Tatsache, dass sie bis Ende des Jahrhunderts stark anstiegen, zeigt, wie sehr China Konkurrenz bekommen hatte.

Tee-Exporte in Millionen Pfund[164]

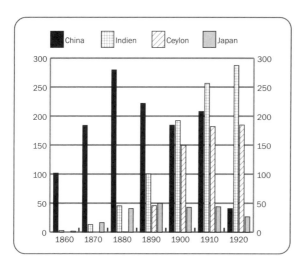

Auch China profitierte anfangs von der stark ansteigen-
den Nachfrage. Nach ein paar Jahrzehnten wurde aber klar,
dass das Land dem Wettbewerb nicht gewachsen war. 1866
exportierte es noch mehr als zwanzigmal so viel Tee nach
Großbritannien als Indien, fünfzig Jahre später war dies genau umgekehrt.[165]

Die Teeproduktion in China

Das bringt uns zur Frage, wie der Tee eigentlich in China
produziert wurde. Was sofort auffällt, ist, dass der Anbau

---

164 Gardella, *Harvesting mountains*, S. 111.
165 Gardella, *Harvesting mountains*, S. 132, Tabelle 17.

der Teepflanzen dort *nicht* auf großen Plantagen, sondern im Rahmen kleiner Familienbetriebe erfolgte. Der durchschnittliche Bauernhof, auf den Tee angebaut wurde, oder der Teegarten, wie es hieß, war im Allgemeinen zwischen zwei und vier Morgen groß.[166] Es gab keine großen Plantagen mit einem zentral koordinierten Anbau. Sklavenarbeit oder andere Formen der unfreien Arbeit, die auf Plantagen weltweit üblich waren, gab es in China in dieser Periode faktisch auch nicht. Die Bauern, die Tee anbauten, waren auf jeden Fall frei. Der Anbau des Tees war fast immer eine Ergänzung der Subsistenzproduktion. Völlige Spezialisierung in dem Sinne, dass man sein ganzes Land dem Teeanbau widmete, war fast unbekannt. Im Jahr 1930, für das uns gute Zahlen zur Verfügung stehen, war der Prozentsatz der Bauern, der sich in Fujian auf Tee spezialisiert hat, niedriger als fünf Prozent. Der Teeanbau war enorm mühsam und arbeitsintensiv. Er hatte sich über die Jahrhunderte nicht geändert und zeigte keine Tendenz zu irgendeiner Form der Mechanisierung auf.[167] Das galt auch für den Transport.

Den kleinen Familienbetrieb assoziiert man gerne mit Abschirmung vom Markt und der Abwesenheit von Lohnarbeit. In diesem Fall trifft beides nicht zu. Tee ist ein ›cash crop‹, eine Marktfrucht, er wird zum Verkauf angebaut. Ebenso gab es Lohnarbeit, und zwar in großem Ausmaß. Was dabei auffällt, ist, dass sie oft, ja sogar meistens von Frauen verrichtet wurde.[168] Es gab aber keine wachsende

---

166 Mui und Mui, *The management of monopoly*, S. 5.

167 Information über Herstellung und Transport gibt es zum Beispiel bei Macfarlane und Macfarlane, *Green gold*, S 101–109, und Mui und Mui, *The management of monopoly*, Introduction.

168 Siehe zum Beispiel Gardella, *Harvesting mountains*, S. 172–173, und Macfarlane und Macfarlane, *Green gold*, S. 102–103.

Klasse von Lohnarbeitern, die (fast) ausschließlich vom Lohn lebte. Der Produktionsprozess, bei dem Teeblätter in Tee verwandelt wurden, war fast immer in viele einzelne Schritte aufgeteilt. Die Bearbeitung der Teeblätter fand dezentralisiert statt, obwohl sicher Werkstätten existierten und es in der Verarbeitung Spezialisierungstendenzen gab. Bestimmte Personen übernahmen bestimmte Teile der Bearbeitung des Rohstoffes. Dieser Prozess der Arbeitsteilung wurde aber nicht durch etwaige Verleger, die den einzelnen Kleinproduzenten Rohstoffe oder Halbfabrikate zur Verfügung lieferten und sie nach der Bearbeitung wieder übernahmen, systematisch und zentral koordiniert. Obwohl es teilweise verlagsartige Konstruktionen gab, war doch auch dann die Produktionskette viel zu differenziert, um von zentraler Koordination sprechen zu können. Es gab niemanden, der vom Anfang bis zum Ende den gesamten Produktionsprozess überwachte und bestimmte. Für die Distribution galt dasselbe. Auch hier sieht man viele Mittelsmänner, die alle selbstständig verschiedene Stufen des Handels betreuten: regionale Aufkäufer, Leute, die den Tee nach Kanton brachten, Händler in Kanton usw. Die geläufigsten Formen von Produktion und Distribution können am treffendsten als ein Kaufsystem bezeichnet werden, in dem jeder Einzelne kauft, seine Arbeit macht und verkauft. Das war nur möglich, weil ein sehr dichtes Netz von Märkten vorhanden war. In den dicht besiedelten Regionen Chinas gab es während der Periode zwischen 1750 und 1850 schätzungsweise alle sieben bis zehn Meilen einen Markt. Das ermöglichte, um Mark Elvin zu zitieren, eine Koordination über den Markt als Alternative zur zentralen Lenkung durch einen

›Manager‹.[169] Gardella spricht von einer nicht zentralisierten, marktorientierten Produktionsweise.[170]

Die folgenden Zahlen, die sich allerdings auf der Situation von 1935 beziehen, geben einen Eindruck von der Gliederung der Produktion und des Handels und von der großen Zahl von Menschen, die darin involviert war.[171] Die Finanzierung des Sektors, in der auch sehr viele Personen auf ganz verschiedene Arten und Weisen involviert waren, wird hier noch außer Betracht gelassen.[172]

Es waren damals insgesamt 3,6 Million Personen im Teesektor beschäftigt.

Davon waren:

2.285.000	Personen, die Tee anbauten;
66.000	Personen, die Tee pflückten und für die erste, grobe Verarbeitung sorgten;
100.000	Personen, die in der feineren Verarbeitung des Tees, der exportiert werden sollte, beschäftigt waren;
70.000	Personen, die in der feineren Verarbeitung des Tees für inländischen Gebrauch tätig waren;
100.000	Mittelsmänner und Händler;
60.000	Personen, die in Teemanufakturen arbeiteten;
300.000	Personen, die in Teeläden arbeiten.

---

169 Mark Elvin, ›The high-level equilibrium trap: the causes of the decline of invention in the traditional Chinese textile industries‹, in: derselbe, *Another history: Essays on China from a European perspective* (Canberra und Sidney 1996) S. 20–64, S. 54.

170 Gardella, *Harvesting mountains*, S. 117. Siehe für eine abweichende Interpretation, derzufolge auch im Teesektor Keime des Kapitalismus zu sehen seien, Zhang Guotu, *Tea, silver, opium and war*, Kapitel 2.

171 Gardella, *Harvesting mountains*, S. 154.

172 Siehe Gardella, *Harvesting mountains*, S. 66 und 68.

Für Außenseiter wie die Briten ist ein solches System sehr unbequem. Es lässt sich nicht von außen kontrollieren oder manipulieren. Erst recht nicht, wenn man nur zu denjenigen Kontakt hat, die ganz am Ende der Distributionskette stehen. Den Briten wäre ein direkter Zugriff auf Produktion und Distribution, beides am besten in großem Rahmen, natürlich viel lieber gewesen. In China haben sie das aber nie erreicht.

Plantagen für Tee, Zucker, Baumwolle, Tabak – überall auf der Welt, nur nicht in China

Wie gesagt, in Großbritannien gehörten Tee und Zucker zusammen. Den Zucker holten sich die Briten von ihren großen Plantagen in den Kolonien der Karibik, wo Sklavenarbeit dominierte. Sidney Mintz hat nicht unrecht, wenn er die Plantagen als sehr moderne Unternehmen und, in Anbetracht ihrer Maschinen, sogar als ›Proto-Fabriken‹ bezeichnet.[173] Produziert wurde für einen Weltmarkt. Die Plantagen erbrachten oft große Profite, und wenn das nicht der Fall war, führte das nicht dazu, dass die Eigentümer freiwillig anfingen, ihr Land in kleinen Parzellen zu verpachten. Das galt offenbar nicht als vernünftige Alternative. In China hingegen war auch der Anbau von Zucker und sogar der Großteil der Verarbeitung in kleinen Einheiten organisiert. Zucker wurde immer in kleinen Familienbetrieben angebaut. Plantagen und Sklaven gab es nicht, Lohnarbeit kaum. Die Situation war hier jener im Teesektor ganz ähnlich.[174]

Das gilt auch für Baumwolle. In der ersten Industriellen Revolution in Großbritannien war die maschinelle Produktion von Baumwollestoffen von zentraler Bedeutung. Der

---

173 Mintz, *Die süße Macht*, S. 75–102.
174 Mazumdar, *Sugar and society in China*.

Rohstoff kam *vor* 1750 meist von den karibischen Inseln, *nach* 1750 überwiegend aus den USA. Der Anbau fand meist auf Plantagen unter Einsatz von Sklaven statt und war auf den Weltmarkt hin orientiert. Obwohl die Größe dieser Plantagen oft übertrieben wird, waren sie unvergleichlich viel größer als die Familienbetriebe in China und nach gewisser Zeit meistens auch mechanisiert. Abermals war die Lage in China grundlegend anders. Anbau und Verarbeitung waren auch in diesem Fall in den Händen von kleinbäuerlichen Familien. Was in vielen Regionen der Welt ein ›cash crop‹ war, das in großem Stil in großen Betrieben angebaut wurde, war hier Zuerwerb. Die Verarbeitung war meistens Hausarbeit, die von Frauen verrichtet wurde, und die Produktion diente teilweise zur Deckung des Eigenbedarfes. Maschinen spielten in der Verarbeitung keine Rolle, höchstens kleine Geräte, die man in ein kleines Bauernzimmer stellen konnte und die von ein bis zwei Personen bedient werden konnten. Auch hier gab es keine Plantagen, keine Sklaven und keinen Verlag. Es gab Lohnarbeit, jedoch keine Lohnarbeiter.[175] Für die Produktion von Tabak, der in China in Riesenmengen geraucht wurde und weltweit als Plantagenprodukt bekannt war, galt das Gleiche. Seide war mehr oder weniger ein Ausnahmefall: Der Anbau fand zwar im Rahmen von Familienbetrieben statt, aber in der Herstellung von Stoffen spielten Manufakturen, wenn auch in abnehmender Häufigkeit, eine tragende Rolle. Die Tatsache, dass der Staat hier ein wichtiger Kunde war, wird sicher dazu beigetragen haben.[176]

---

175 Kang Chao (unter Mitarbeit von Jessica Chao), *The development of cotton textile production in China.* (Cambridge Mass. und London 1977).

176 Siehe zum Beispiel Lillian Li, *China's silk trade. Traditional industry in the modern world 1842–1937* (Cambridge Mass. 1981), und Federico, *Economic history of the silk industry.*

Anscheinend wurden in China in der Frühen Neuzeit und weit darüber hinaus *alle* Agrargüter in kleinen Familienbetrieben angebaut und anscheinend fand die Verarbeitung *fast immer* in kleinen, zerstreuten Produktionseinheiten statt. Diese Tatsache zeigt, dass man sich vor einem geografischen Determinismus oder einem Produkt-Determinismus hüten soll. Einem solchen Determinismus zufolge soll – wie das zum Beispiel aus den Arbeiten von Sydney Mintz, Eric Williams oder Henry Hobhouse bisweilen hervorgeht – der Anbau von bestimmten Gewächsen fast automatisch zur Gründung von Plantagen und Sklaverei führen.[177] Eine solche Sichtweise wird dem chinesischen Beispiel nicht gerecht. Manufakturen waren etwas sehr Außergewöhnliches und für Verlagsbeziehungen gibt es auch nur sehr wenig Beispiele. Die Distribution war meistens wie die Produktion in vielen einzelnen Stufen organisiert.

Großbetrieb versus Kleinbetrieb:
China, Großbritannien und ihre »Peripherien«

Wieso entstanden in China in der Landwirtschaft keine Großbetriebe, während sie in vielen anderen Weltgegenden vor allem in der Produktion von ›cash crops‹ die Regel darstellten? Großgrundbesitz gab es durchaus, uns interessieren hier aber die *Produktionseinheiten,* nicht die *Besitzverhältnisse.*[178] Wir werden uns zunächst die Lage im ›eigentlichen‹

---

177 Mintz, *Die süße Macht;* Eric Williams, *Capitalism and slavery* (New York 1944); Hobhouse, *Seeds of change,* zum Beispiel das Kapitel über Zucker.

178 Diese Dominanz der kleinen Betriebe findet man in allen großen Studien der chinesischen Agrargeschichte immer wieder bestätigt: Francesca Bray, *Volume 6: Biology and biological technology. Part Two, Agriculture,* in: Joseph Needham, Hg., *Science and Civilisation in China* (Cambridge 1984); John Lossing Buck, *Land utilization in China* (Oxford und London 1937); Kang Chao, *Man and land in Chinese history. An economic analysis* (Stanford 1986); Dwight H. Per-

China, den achtzehn Provinzen, die immer den Kern des
Landes gebildet haben, ansehen.

Das ›eigentliche‹ China und der Rest des Reiches der Qing am Ende des
18. Jahrhunderts

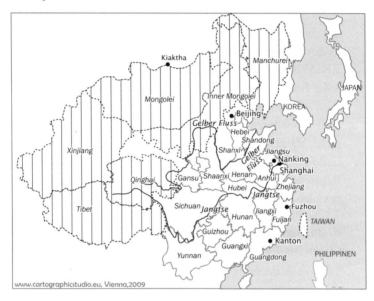

Für diese Region hat Francesca Bray meines Erachtens
ziemlich überzeugend gezeigt, dass für die Produktion von
Reis *beim bestehenden Stand der Technologie* die Dominanz
der Kleinbetriebe eine klare wirtschaftliche Logik hatte.[179]
Eine Vergrößerung der Anbauflächen brachte keine substanzielle Erhöhung der Effizienz, während indessen schnell

kins, *Agricultural development in China 1368–1968* (Chicago 1969), Wilhelm
Wagner, *Die chinesische Landwirtschaft* (Berlin 1926).

179 Francesca Bray, *The rice economies. Technology and development in Asian societies*
(Berkeley, Los Angeles und London 1986).

zusätzliche Kosten auftraten. Im Reisanbau gab es in dieser Zeit keine Größenvorteile. Möglichkeiten für eine effiziente Anwendung von großen Geräten oder den Einsatz von Tieren fehlten. Was man brauchte, war manuelles Können und Geschick.[180] Eine gute Bewässerung der Reisfelder war nur dann möglich, wenn diese aus relativ kleinen Einheiten bestanden. Es wäre eine Verschwendung von sehr produktivem Ackerland gewesen, wie im Westen große Teile der Landbaufläche als Wiese zu nützen. Das alles bedeutet, dass es sich kaum bis gar nicht lohnte, Reis in großem Stil auf großen Farmen anzubauen. Eine Aufteilung des Landes in viele kleine Parzellen, die man dann verpachtete, bot dem Großgrundbesitzer bessere Chancen auf hohen Ertrag. Andererseits waren der Reisbau und die Nebenaktivitäten, mit denen er kombiniert werden konnte, so ergiebig, dass auch tatsächlich sehr viele Menschen vom Ertrag kleiner, gartenähnlicher Betriebe leben konnten.

Brays Analyse der Logik der Reiswirtschaften halte ich für überzeugend. Ihre These, dass es ein ›westliches‹ Modell der Agrarentwicklung gab, das landextensiv und auf Mechanisierung und Größenvorteile orientiert war, halte ich aber für historisch nicht vertretbar und von der Logik her fragwürdig. Dieses Modell beruht letzten Endes zu stark auf einer Generalisierung der englischen Situation, die innerhalb Europas doch ziemlich außergewöhnlich war. Ihre These, dass dieses Modell auf den Anbau von Getreidesorten wie Weizen und Roggen zurückzuführen wäre, halte ich für einen zu einfachen Determinismus. Wie dem auch sei,

---

180 Für die ›Logik‹ siehe Bray, *Rice economies.* Für die Praxis siehe zum Beispiel Kang Chao, *Man and land in Chinese history,* und Philip C.C. Huang, *The peasant family and rural development in the Yangzi Delta, 1350–1988* (Stanford 1990).

Brays Analyse des Reisbaus kann nicht erklären, wieso auch der Anbau von anderen Getreidesorten und faktisch von allen angebauten Pflanzen innerhalb Chinas fast immer in Kleinbetrieben stattfand. Man denke nur an die Regionen in Nordchina, wo kein oder kaum Reis angebaut wurde und wo die Betriebe ebenfalls klein waren, Zugtiere, Wiesen und Lohnarbeit eine minimale Bedeutung hatten und man auch nur eine geringe Menge an kleinen, primitiven, meist hölzernen Geräten zur Verfügung hatte.[181]

Eine Erklärung sollte hier sicher politische Faktoren mit einbeziehen. Die Qing-Kaiser mussten als Manchus sehr vorsichtig sein, damit sie mit den Millionen von Kleinbauern, die es in China eben gab, nicht in Konflikt gerieten. Ihr Anhang bildete eine kleine Besatzungselite von nicht mehr als ein bis zwei Prozent der Gesamtbevölkerung. Es ging hier aber nicht nur um machtpolitisches Kalkül. Auch *vor* der Machtergreifung der Manchus hatte es eine Politik des Bauernschutzes gegeben. Ein Phänomen wie das der Einhegungen in Großbritannien, die oft von der Regierung nicht nur nicht verhindert, sondern sogar unterstützt wurden, wäre in Qing-China (1644–1911) schwer vorstellbar gewesen. Der Schutz der Bauern und ihres Landbesitzes war der Eckstein des ›agrarischen Paternalismus‹ der Regierung. Es gibt mehrere Beispiele, die zeigen, wie die Regierung Großbetriebe aufteilte, Kleinbauern Land anbot, das sie zu günstigen Konditionen nutzen durften, oder ihnen half, sich auf verfügbarem Freiland niederzulassen. Genauso wie es mehrere Beispiele von Bauern gibt, deren Steuern erlassen wurden oder die billig oder sogar umsonst

---

181 Siehe zum Beispiel Philip C.C. Huang, *The peasant economy and social change in North China* (Stanford 1985).

Getreide aus den großen öffentlichen Getreidespeichern bekamen.[182]

Der kleine Familienbetrieb, wo der Mann hinter dem Pflug das Land bearbeitet und die Frau hinter dem Webstuhl sitzt, wurde von öffentlicher Seite stark idealisiert und begünstigt, wobei dem *pater familias* eine fast uneingeschränkte Macht eingeräumt wurde.[183] In China galt der kleine, freie Bauer als Rückgrat der Gesellschaft.[184] Dem Großgrundbesitz gegenüber war die Regierung oft misstrauisch. Es gab deshalb allerhand Mechanismen, die der Bildung eines großen Proletariats von Landlosen und dessen Reproduktion vorbeugen sollten. In dieser Hinsicht ist es sicher kein Zufall, dass im Erbrecht in der Landwirtschaft Realteilung fast absolut die Regel war oder dass diejenigen, die Land verkauft hatten, das Recht behielten, es oft auch nach langer Zeit wieder zurückzukaufen.

---

182 Für diesen agrarischen Paternalismus verweise ich auf Pierre-Étienne Will und Roy Bin Wong, mit James Lee, *Nourish the people. The state civilian granary system in China, 1650–1850* (Ann Arbor 1990); Jane K. Leonard und John R. Watt, Hg., *To achieve security and wealth. The Qing imperial state and the economy, 1644–1911* (Ithaca, New York 1992); Helen Dunstan, *Conflicting counsels to confuse the age. A documentary study of political economy in Qing China, 1644–1840* (Ann Arbor 1996); Roy Bin Wong, *China transformed. Historical change and the limits of European experience* (Ithaca und London 1997); und derselbe, ›The political economy of agrarian empires and its modern legacies‹, in: Timothy Brook und Gregory Blue, Hg., *China and historical capitalism. Genealogies of sinological knowledge* (Cambridge 1999) S. 210–245.

183 Arthur P. Wolf, ›Europe and China: Two kinds of patriarchy‹, in: Theo Engelen und Arthur P. Wolf, Hg., *Marriage and the family in Eurasia. Perspectives on the Hajnal hypothesis* (Amsterdam 2005) S. 215–240.

184 Siehe für diese These Gang Deng, *The premodern Chinese economy. Structural equilibrium and capitalist sterility* (London und New York 1999).

Wenn man über Staat und Wirtschaftspolitik redet, soll man natürlich auch über Steuern reden. In Nordchina war meistens der Kleinbauer Nutzer *und* Eigentümer des Bodens, was bedeutete, dass er die Grundsteuer zahlte. In Südchina war der Kleinbauer meistens nur Pächter, was heißt, dass der Landherr, der als dessen Eigentümer galt, die Bodensteuer zahlte, die er natürlich in seiner Pacht wieder auf den Kleinbauern abwälzte. In Qing-China stammten bis zum Ende der hier diskutierten Periode drei Viertel des gesamten Steuereinkommens der Zentralregierung aus der Besteuerung von Landbesitz. Da aber die *offiziellen* Steuerraten sehr niedrig waren, viel Land überhaupt nicht registriert war und deshalb auch nicht besteuert wurde, bedeutete das nicht viel. Faktisch wurde der Ertrag des Bodens sicher mit weniger als zehn Prozent besteuert. Man zahlte Steuern auf der Basis eines angenommenen Ertrags, der von der Art der Benutzung und der Bonität des Bodens hergeleitet wurde. Da sich die Steuerraten kaum änderten und pro Landfläche galten, war die Intensivierung der Produktion eine, was die Besteuerung betraf, rationale Strategie.

Innerhalb des eigentlichen Chinas hat es während der Regierung der Qing-Dynastie immer eine starke Dominanz kleiner Familienbetriebe gegeben. Diese hat sich durch die Migration der Han-Chinesen in die Randgebiete des ›Alten Reiches‹ auch noch weiter über diese Provinzen ausgebreitet. Das ist vielleicht nicht besonders erstaunlich. Was von einer vergleichenden Perspektive her aber schon mehr überrascht, ist die Tatsache, dass in den neuen, von den Qing-Herrschern eroberten Gebieten eine ähnliche Struktur entstand. Hier hätte man doch *Tabula rasa* machen können. Wir reden hier nicht von kleinen Gebieten. Die (heutige) Provinz Xinjiang ist 1,6 Millionen km^2 groß. Die Region, die heute Qinghai heißt, umfasst 720.000 km², Tibet 1,2 Million km². Die ganze Mongolei, das heißt die Innere und die Äußere Mongolei zusammen, erstreckt sich über mehr als 2,7 Million km². Hiervon war schon ein großer Teil vor der Machtübernahme durch die Qing Teil Chinas geworden. Taiwan hat eine Fläche von 38.000 km². Die Qing-Kaiser waren erfolgreiche Expansionisten. Zwischen 1662 und 1799, unter den ersten drei von ihnen, wuchs die Fläche des Reiches um mehr als das Doppelte. Die Mandschurei, das fast leere Heimatland der Manchus, das immer einen Sonderstatus behielt, war zu jener Zeit 1,2 Million km² groß.

Man könnte sich vorstellen, dass in den neu eroberten Gebieten außerhalb des eigentlichen Chinas und in der Mandschurei eine andere Logik bestimmend geworden wäre. Aber auch in diesen ›leeren‹ Gebieten, die man ganz nach den eigenen Vorstellungen hätte einrichten können, waren Großbetriebe sehr selten und Plantagen fehlten völlig. Wenn man die Entwicklung der Mandschurei, einer großen, fruchtbaren und ressourcenreichen Region, betrachtet, sieht man zwei aus einer britischen Perspektive merkwürdige Entwicklungen. Die erste besteht darin, dass es bis in die zweite Hälfte des 19. Jahrhunderts eigentlich kaum Bestrebungen gab, um die Region besser zu nutzen, obwohl zahlreiche Möglichkeiten dazu bestanden. Dies gilt auch für Regionen wie die Mongolei, Xinjiang, (West-)Tibet oder Taiwan, die weniger Potenzial hatten. Auch sie wurden nicht, wie Wallerstein sagen würde, in eine ›Peripherie‹ verwandelt. Sie wurden nicht ausgebeutet und ihre Wirtschaft wurde nicht der des Zentrums im eigentlichen China untergeordnet.[185] Wenn die chinesische Regierung

---

185 Zur Terminologie siehe Immanuel Wallerstein, *The modern world-system. Ca-*

vor 1850 überhaupt eine Politik verfolgte, um sich die Randgebiete des alten China und die neu eroberten Gebiete ir-
gendwie wirtschaftlich zunutze zu machen – und das bringt
uns zum zweiten auffälligen Unterschied –, dann lief das
meistens darauf hinaus, dass chinesische Bauern, wie zum
Beispiel in der Mandschurei, da hinzogen und ihre Heimat
mehr oder weniger ›reproduzierten‹. Es waren meist Kleinbauern, die dorthin gingen, um Kleinbauern zu bleiben,
wenn sie nicht, wie ›widerwillige Pioniere‹, sobald wie möglich nach Hause zurückkehrten.[186] Xinjiang, Tibet und die
Mongolei blieben fast unberührt von chinesischen Einwan-
derern. Regionen wie Yunnan, Quizhou und sicher Sichuan
zogen viele Han-Chinesen an, allerdings führte das nicht
zur Herausbildung einer anderen Produktionsweise als im
eigentlichen China.

All dieses Reden über Kleinbauern in und außerhalb des
eigentlichen Chinas bedeutet natürlich nicht, dass es keinen
Großgrundbesitz gab. Die Großgrundbesitzer waren aber
meistens in keiner Weise an der Produktion beteiligt. Sie
mischten sich nicht in die Arbeit ihrer Pächter ein, sondern
verpachteten ihr Land in vielen kleinen Parzellen. In China wurde, ganz pauschal gesagt, das Land durch die großen
Landeigentümer meistens nur benutzt, um Einkünfte in
Form von Pachteinnahmen zu generieren. Sie lebten davon
und von Zinsen, Wucher, allerhand Geldgeschäften, Handel, Ämtern und politischem Einfluss. Große Eigentümer
oder große Pächter, die selbst einen großen Betrieb führten,

pitalist agriculture and the origins of the European world-economy in the sixteenth
century (New York 1974), ›Introduction‹ und ›Theoretical reprise‹.

186 James Reardon-Anderson, Reluctant pioneers. China's expansion Northward,
1644–1937 (Stanford 2005); Christopher Mills Isset, State, peasant, and merchant in Qing Manchuria, 1644–1862 (Stanford 2007).

waren sehr selten. Landherren waren Rentiers und keine Unternehmer.[187]

Der Unterschied zum agrarischen Sektor Großbritanniens könnte kaum größer sein. Wir sind hier mit einem Agrarsystem mit einer völlig anderen Logik, einer anderen sozialen Struktur und einem anderen politischen Kontext konfrontiert. Ich werde nur auf die wichtigsten Unterschiede hinweisen. Was sofort auffällt, ist, dass die Größe der landwirtschaftlichen Betriebe in China und Großbritannien höchst unterschiedlich war. Ein paar Zahlen können das zeigen. Pro Kopf der Gesamtbevölkerung war in England und Wales deutlich mehr Agrarland vorhanden als in China. Wenn wir Ackerland, Weideland und Bauland zusammennehmen, war es 1850 vier Mal so viel. Das muss nicht unbedingt viel für Produktion und Produktivität bedeuten. Es gab ja ganz verschiedene Produktionsweisen und Produkte und auch eine ganz andere Zusammensetzung der Berufsbevölkerung. Aber nichtsdestoweniger haben wir es hier mit enormen Unterschieden zu tun.

Der durchschnittliche landwirtschaftliche Betrieb in Südengland war um 1800 150 Morgen groß; im Norden des Landes 100 Morgen.[188] Weil ›China‹ ein ziemlich inhaltsloser Begriff ist, da große Teile des Landes fast unbewohnt waren und sich nicht sehr für die landwirtschaftliche Produktion eigneten, ist hier mehr detaillierte Information angebracht. In der für Chinas Wirtschaft so wichtigen und dicht bevölkerten Region des Jangtse-Deltas war, laut einer Schätzung

---

187   Kang Chao, *Man and land in Chinese history.*

188   Robert C. Allen, ›Agriculture during the Industrial Revolution, 1700–1850‹, in: Roderick Floud und Paul Johnson, Hg., *The Cambridge Economic History of Modern Britain. Volume One. Industrialisation, 1700–1860* (Cambridge 2004) S. 96–116, S. 100.

von Philip Huang, während des 18. Jahrhunderts ein durchschnittlicher Bauernbetrieb ein bis anderthalb Morgen groß. Um 1750 gab es dort für jede in der Landwirtschaft beschäftigte Person durchschnittlich ungefähr 0,25 Morgen Land. In England waren es zu jener Zeit 11,3 Morgen. Wenn wir England und Wales zusammennehmen und Huangs Definition von Agrarland etwas anpassen, dann ist es noch immer so, dass es damals dort pro Person, die in der Landwirtschaft tätig war, dreißigmal so viel Land gab als im Jangtse-Delta.[189]

In dieser Hinsicht änderte sich in China im 19. Jahrhundert nicht viel. Der Kleinbauer blieb dominant. In einer groß angelegten Studie von John Lossing Buck stellte sich heraus, dass um 1930 die durchschnittliche Parzellengröße von Betrieben, die hauptsächlich Reis oder Getreide anbauten, für Eigentümer 4,2 Morgen, und für Pächter 3,56 Morgen war. Diese Zahlen sind noch erstaunlicher, wenn man erfährt, dass Buck feststellte, dass es damals durchschnittlich 5,6 Parzellen pro Betrieb gab.[190] Es ist schwierig vorstellbar, wie dies effizient gewesen sein kann. Nur wer sein winziges Stückchen Land so intensiv wie möglich bearbeitete – aber da stieß man schon schnell auf Grenzen, da die Intensivierung der Bodennutzung bestimmte natürliche Einschränkungen kennt und es Perioden im Jahr gibt, wo es in der Landwirtschaft einfach nicht viel zu tun gibt – *und* wer so viel Zuerwerb wie möglich betrieb, konnte mit einer Familie von solchen Gärten leben.

Bei aller Intensivierung, Erfindungsgabe und Fleiß der Bauernfamilie bot ein durchschnittlicher Bauernhof in Chi-

---

189 Peer Vries, *Via Peking back to Manchester. Britain, the Industrial Revolution, and China* (Leiden 2003) S. 93, Note 86.
190 Buck, *Land utilization in China*, Kapitel 1.

na laut Buck sogar in den 1920er-Jahren jährlich noch immer nur während neunzig bis hundertzwanzig Tagen von je zehn Stunden wirklich produktive *landwirtschaftliche* Beschäftigung für eine Familie. Über das ganze Jahr gerechnet konnte sich eine solche Familie also während *zwei Drittel* oder sogar *drei Viertel* der Zeit im Prinzip anderer Arbeit widmen. Da Zeit nichts kostete, war jede Extraarbeit willkommen, wie winzig der Ertrag auch sein mochte. Für eine Vollbeschäftigung waren die Betriebe einfach zu klein. *In dem Sinne* waren sie sehr arbeits*extensiv*. Wo Reis oder Süßkartoffeln angebaut wurden, war durch die hohen Erträge die Arbeitseffizienz noch ziemlich hoch, für andere Gewächse war sie sehr niedrig. Da wären größere Betriebe viel effizienter gewesen.[191] Durchschnittswerte können irreführend sein. Jene, die ich über Betriebsgröße gegeben habe, sind es aber nicht. Betriebe von mehr als fünfundzwanzig Morgen galten als groß und waren sehr selten. In Großbritannien hingegen bildeten Großbetriebe keine Ausnahme: 1870 waren achtundzwanzig Prozent aller Betriebe mehr als hundert Morgen groß.[192] Das kann nur heißen, dass Großbetriebe viel Land besaßen. 1790 gehörte rund die Hälfte des Agrarlandes zu Betrieben, die größer als 1000 Morgen waren. Kleinbäuerliche Eigentümer verfügten nur über fünfzehn bis zwanzig Prozent des Bodens. 1873 war fast die Hälfte des Bodens von Betrieben mit über 1000 Morgen besetzt, kleinen Bauern-Eigentümern gehörten nur noch zehn Prozent.[193]

191 John Lossing Buck, *Chinese farming economy* (Nanking 1930). Dieser Durchschnitt beruht auf einer Analyse von fast 3.000 Betrieben in verschiedenen Teilen Chinas.

192 Mark Overton, *Agricultural Revolution in England. The transformation of the agrarian economy 1500–1850* (Cambridge 1998) S. 175.

193 M.J. Daunton, *Poverty and progress. An economic and social history of Britain 1700–1850* (Oxford 1995) S. 62.

In Großbritannien wurden mehr als fünfzig Prozent des gesamten Agrarlandes als Weide genutzt, in China waren dies weniger als fünf Prozent. Insofern ist es nicht verwunderlich, dass der Tierbestand in Großbritannien sehr hoch war. Ich gebe nur ein Beispiel: 1812 gab es in Großbritannien 1,09 Millionen Pferde, 1849 waren es 1,49 Millionen; die Zahlen für Rinder belaufen sich auf 3,04 und 4,40 Millionen; für Schafe auf 21,78 und 24,37 Millionen und für Schweine auf 2,04 und 2,17 Millionen.[194] Für China gibt es keine vergleichbaren Daten. Samuel Adshead behauptet, dass 1800 fünf Millionen Pferde und dreiundzwanzig Millionen Rinder gehalten wurden. Wie er zu diesen Zahlen kommt, bleibt unklar.[195] In seiner Überblicksgeschichte der chinesischen Landwirtschaft schreibt Perkins, dass während der Periode 1914–1918 Chinas Viehbestand sich durchschnittlich aus dreiundzwanzig Millionen Ochsen und Wasserbüffeln, einer halben Million Pferde und eine halben Million Maultiere und Esel zusammensetzte. Die zwei letzten Zahlen sind, wie er selber andeutet, zu niedrig. Die Gesamtzahl der Schweine, Schafe und Ziegen belief sich damals auf neunzig Millionen.[196] Als Zugtiere wurden in Reisregionen fast nur Wasserbüffel benutzt. Außerhalb der Landwirtschaft waren diese kaum einsetzbar.

In der britischen Landwirtschaft wurde viel mehr Arbeit von Tieren und Lohnarbeitern geleistet als in China. Dort

194 E.A. Wrigley, *Continuity, chance and change. The character of the industrial revolution in England* (Cambridge 1988) S. 37. Vgl. Paul Warde, *Energy consumption in England and Wales, 1560–2000* (Consiglio Nazionale delle Richerche 2007) S. 40–45.

195 S.A.M. Adshead, ›An energy crisis in early modern China‹, *Ch'ing-Shih Wen-t'i*, Vol III, 2 (1974) S. 20–29.

196 Perkins, *Agricultural development in China*, S. 287.

waren während der Zeit, die wir hier analysieren, weit weniger als fünf Prozent der Landbevölkerung (fast) landlose Lohnarbeiter. Es galt überhaupt als sehr ungewöhnlich, für jemand anderen, vor allem unter dem Dach eines Nicht-Verwandten, zu arbeiten. Das ländliche Großbritannien dagegen war durch eine dreistufige Schichtung gekennzeichnet: An der Spitze standen ein paar Tausend Großgrundbesitzer. Diese verpachteten ihr Land in großen Parzellen an kapitalkräftige agrarische Unternehmer, die ein ländliches Proletariat bezahlten, um auf ihren Betrieben zu arbeiten. Es gab natürlich auch Kleinbauern. Diese hatten aber, wie wir gesehen haben, insgesamt nur wenig Land und waren gesellschaftlich kein Faktor von großem Gewicht. Im Gegensatz zu China gab es in Großbritannien einen Markt für *große* Pachtgüter. Großgrundbesitzer hatten die Wahl: Wenn ein Pächter ihr Land nicht effizient genug verwaltete, konnten sie es an einen anderen verpachten. So gab es immer gute Gründe für große Pächter, effizient zu sein, was bedeutete, dass sie sich darüber Gedanken machen mussten, wie sie ihre Kosten senken konnten und ob bestimmte effizienzsteigernde Investitionen profitabel waren.

Die Proletarisierung auf dem Lande nahm in Großbritannien ein großes Ausmaß an. 1851 waren in England dreiundsiebzig Prozent der auf dem Land beschäftigten Bevölkerung Lohnarbeiter, das heißt Landarbeiter, Bedienstete auf Bauernhöfen oder Schäfer. Nach Gregory King waren bereits 1688 zwei Drittel der Landbevölkerung landlos.[197] In der Zeit zwischen Kindheit und Heirat außerhalb des eige-

197 Overton, *Agricultural Revolution in England,* S. 178, und P. H. Lindert und Geoffrey Williamson, ›Revising England's social tables, 1688–1812‹, *Explorations in Economic History* 19 (1982) S. 385–408.

nen Heimes zu arbeiten war üblich, ja fast normal.[198] Auch im Bereich der gewerblichen Aktivitäten war Lohnarbeit keine Ausnahme. In dem Maß, in dem die Arbeitenden ihren Lebensunterhalt nicht aus eigenen Mitteln bestreiten konnten, mussten ihre Löhne höher sein. Das führte im Gewerbe wie in der Landwirtschaft dazu, dass man in Großbritannien andauernd versuchte, Arbeit und Arbeitskosten durch Benutzung von ›Maschinen‹ und nicht-humanen Energiequellen wie Wind, Wasserkraft, Tiere und Kohle einzusparen. In China gab es diesen Anreiz viel weniger. Menschliche Arbeit war relativ billig, sodass die Herausforderung, sie durch etwas anderes zu ersetzen, nicht gegeben war.[199] Jean-Baptiste Du Halde (1674–1743), der französische Jesuit, der in den 1730er-Jahren eine Studie über China publizierte, meinte, der chinesische Handwerker benutzte Geräte, die »weit einfacher« gewesen seien als die der Europäer. Dem französischen Priester Régis-Évariste Huc, den wir schon erwähnten, fiel in den 1840er-Jahren die »Einfachheit« der Werkzeuge von chinesischen Handwerksleuten auf. Das Gleiche gilt für Bruno Navarra, der am Ende des 19. Jahrhunderts schrieb: »Ihm (dem chinesischen Handwerksmann) stehen nur die primitivsten Handwerkzeuge zu Gebote.«[200]

---

198 Tine de Moor und Jan Luiten van Zanden, *Vrouwen en de geboorte van het kapitalisme* (Amsterdam 2006) S. 51.

199 Für einen Vergleich der Energie-Systeme Westeuropas und Chinas siehe Paolo Malanima, ›Energy crisis and growth, 1650–1850: the European deviation in a comparative perspective‹, *Journal of Global History* 1 (2006) S. 101–122. Für mehr detaillierte Informationen über das britische Energie-System siehe Anmerkung 194.

200 Ich fand diese Zitate in K.A. Wittfogel, *Wirtschaft und Gesellschaft Chinas. Versuch der wissenschaftlichen Analyse einer großen asiatischen Agrarwirtschaft. Erster Teil. Produktivkräfte, Produktions- und Zirkulationsprozess* (Leipzig 1931) S. 174. Dort findet der Leser auch die genauen Referenzen.

Die Unterschiede im Ausmaß der Lohnarbeit und der Arbeit außerhalb des eigenen Hauses waren zwischen Großbritannien und China also sehr groß. Nach Meinung verschiedener Autoren traf dies vor allem im Bereich der Frauenarbeit zu. Es bestand, so behaupten sie, in Qing-China ein starker kultureller Druck, der Frauen so weit wie möglich im Haus hielt. Eine chinesische Frau, so wird behauptet, hätte fast nie außerhalb des Hauses ihrer Eltern oder ihres Mannes arbeiten können, und schon gar nicht in Werkstätten, Manufakturen und später in Fabriken. In Europa hingegen war solche Frauenarbeit außerhalb der Familie vollkommen normal. Die Norm, dass die (billige) Arbeitskraft chinesischer Frauen nur innerhalb des Haushalts genutzt werden sollte, hat nach Meinung dieser Autoren Chinas Chancen auf wirtschaftliche Modernisierung und Wachstum verringert.[201] Allerdings besteht unter Experten Uneinigkeit über die Tatsachen. Kritiker wenden ein, dass, selbst wenn es diesen normativen Druck wirklich gegeben hätte, dies doch kaum dazu geführt haben könne, in den Fabriken in den moderneren Teilen Chinas keine Frauen einzustellen. Sie meinen, wirtschaftliche Not kenne kein moralisches Gebot.[202] Das erscheint mir etwas zu ›optimis-

201 Huang, *The peasant family and rural development in the Yangzi Delta,* unter ›women‹; Susan Mann, *Precious records. Women in China's long eighteenth century* (Stanford 1997) Kapitel 6, und J.A. Goldstone, ›Gender, work and culture. Why the industrial revolution came early to England and late to China‹, *Sociological Perspectives* 39 (1996) S. 1–21.

202 Francesca Bray, *Technology and gender. Fabrics of power in Late Imperial China* (Berkeley, Los Angeles und London 1997), und Kenneth Pomeranz, ›Women's work, family and economic development in Europe and East Asia: long-term trajectories and contemporary comparisons‹, in: Giovanni Arrighi, Takeshi Hamashita und Mark Selden, Hg., *The resurgence of East Asia. 500, 150 and 50 year perspectives* (London und New York 2002) S. 124–172.

tisch‹. Es gibt klare Beispiele von Verboten, Frauen für bestimmte Arbeit an bestimmten Arbeitsplätzen, vor allem in
Werkstätten oder Manufakturen, einzustellen.[203] Die Sank-
tionen waren streng. Noch in den 1870er-Jahren war Frauenarbeit in Großunternehmen im Bereich des Bergbaus, der
Salzgewinnung und der Herstellung von Metallwaren sehr
selten.[204] Dies wird sicher Konsequenzen für die Wirtschaft
– manche würden sagen, ganz besonders für deren moderne
und dynamische Sektoren – gehabt haben.

Es soll aber betont werden, dass Frauen einen sehr großen Anteil an der Gesamtproduktion hatten. Ungeachtet der Frage, ob sie viel außerhalb des Hauses gearbeitet
haben, sie haben auf jeden Fall eine enorme Menge Arbeit
zu Hause geleistet. Es gab, wie angedeutet, im landwirtschaftlichen Betrieb reichlich Möglichkeiten, Nebenarbeit
in Form von Hausindustrie zu leisten. Bei dieser Hausarbeit
war die Arbeit der Frauen, »der Kerntruppe der bäuerlichen
Hausindustrie«[205], sehr wichtig; viel wichtiger als die der
Männer, die oft nur landwirtschaftliche Arbeiten verrich-
teten und allerhand Nebenjobs *außerhalb* des Hauses annahmen.

---

203 Siehe zum Beispiel für die zweite Hälfte des 19. Jahrhunderts D.J. Macgowan,
›Chinese guilds or chambers of commerce and trade unions‹, *Journal of the
Chinese Branch of the Royal Asiatic Society*, Vol. XXI (1886), das Kapitel ›Ge-
neral Remarks‹; F. Wells Williams, *Chinese and medieval guilds*, das Kapitel
›Craft Union‹ im *Yale Review* 1892. Es war mir nicht möglich, diese Texte
im Original zu lesen. Ich fand die Hinweise auf ihren Inhalt in F. van Heek,
Westerse techniek en maatschappelijk leven in China (2., überarbeitete Auflage,
Enschede 1937) S. 94.

204 Wenn man Wittfogel, *Wirtschaft und Gesellschaft Chinas*, S. 525–569, und Frei-
herr von Richthofen, *Tagebücher aus China, I und II* (Berlin 1907) Band I, S.
297 und 523, glauben darf.

205 Wittfogel, *Wirtschaft und Gesellschaft Chinas*, S. 656.

Viele spezifische Merkmale der britischen Landwirtschaft sind, genau wie im chinesischen Fall, nur zu verstehen, wenn man politische und kulturelle Faktoren mit in die Analyse einbezieht. Die britische Regierung unternahm nicht nur nichts gegen die Landverluste vieler Bauern und die Entstehung von Großbetrieben mit Landarbeit, sie unterstützte diese Tendenzen auf gewisse Weise sogar. Sie betrieb keine Politik des Bauernschutzes und verfügte auch nicht über eine dementsprechende ›Ideologie‹. Sie kannte auch keine Familienpolitik, in der die Macht des Familienchefs über seine Familienmitglieder so absolut war, wie das in China der Fall war. Jugendliche konnten im Prinzip ihre Ehepartner selbst wählen und sich ihre eigene Arbeit suchen. Privateigentum wurde vom Staat geschützt, nicht jedoch notwendigerweise auch Privateigentümer. Im Erbrecht waren oft Konstruktionen eingebaut, um Bauernhöfe und Land *nicht* aufteilen zu müssen. Verträge waren bindend. Die wirtschaftlichen Philosophien der britischen und der chinesischen Regierung waren grundsätzlich verschieden. Was die Steuern auf Land anbelangt, so waren die Sätze in Großbritannien sehr niedrig und mussten von den Landeigentümern bezahlt werden. Sie machten nur einen relativ kleinen und tendenziell sinkenden Teil des gesamten Steueraufkommens aus. Faktisch waren sie am Ende des 17. Jahrhunderts so gut wie fixiert. Zusammen mit verschiedenen anderen, sogenannten veranlagten Steuern auf zum Beispiel Fenster, Kutschen, Häuser, Dienstpersonal und Pferde beliefen sie sich zwischen 1700 und 1850 niemals auf mehr als ein Drittel und nach 1800 niemals auf mehr als ein Sechstel der gesamten Steuereinkünfte.[206] Man besteu-

---

206 Siehe Robert M. Kozub, ›Evolution of taxation in England, 1700–1850: a pe-

erte den Wert des Landes oder, besser gesagt: einen fiktiven Wert des Landes.

Bis jetzt war vor allem die Rede von unterschiedlichen Produktionsnormen innerhalb von China und Großbritannien. Die Kontraste zwischen China und Großbritannien, wenn es darum geht, wie man von eroberten Gebieten ökonomisch profitieren kann, lassen sich schnell darstellen. Die Briten haben fast ausnahmslos versucht, ihre Kolonien in Peripherien zu verwandeln, was im landwirtschaftlichen Bereich meistens bedeutete, dass sie dort eine ›cash crop‹-Produktion großen Stils in Gang setzten und, wenn möglich, Plantagen gründeten.

Unterschiedliche Produktionsweisen und ihr »Potenzial«

Unsere Analyse hat eigentlich nur große und grundlegende Unterschiede zwischen der politischen Ökonomie Chinas und Großbritanniens gezeigt und *nicht*, wie viele Historiker, vor allem Mitglieder der sogenannten California School in Nachfolge von Pomeranz, gerne behaupten, »erstaunliche Ähnlichkeiten«.[207] Der Unterschied in der Gesamtproduktivität der Wirtschaften beider Länder und hinsichtlich ihres Reichtums mag klein gewesen sein; zudem waren sich Großbritannien und China sicher ähnlich in dem Sinne, dass es sich in beiden Fällen um hoch entwickelte organi-

---

riod of war and industrialization‹, *The Journal of European Economic History* 32 (2003) S. 363–387, S. 375, Tabelle 4.

207 Für eine Erläuterung der Ideen der Mitglieder dieser Schule siehe meinen Aufsatz ›The California School and beyond: how to study the Great Divergence?‹, *Journal für Entwicklungspolitik* 24, 4 (2008) 6–49, und Vittorio H. Beonio Brocchieri, ›Divergenze e contingenza. Modernità e rivoluzione industriale in Europa e Asia nella prospettiva della California School‹, *Societa e Storia* 119 (2008) S. 101–127. Für den Ausdruck ›erstaunliche Ähnlichkeiten‹ siehe Pomeranz, *Great divergence*, Part One: ›A world of surprising resemblances‹.

sche Wirtschaften handelte, die das malthusianische Problem nicht wirklich gelöst hatten.[208] Aber die Art und Weise, *wie* sie *innerhalb* dieser gleichen Rahmenbedingungen produzierten, konnte doch kaum unterschiedlicher sein.

Ende des 18. Jahrhunderts sieht man dann in Großbritannien die ersten klaren Ansätze einer Industrialisierung, wozu es überhaupt keine Parallele in China gibt. Es ist nicht erstaunlich, dass diese Divergenz bis vor Kurzem fast immer mit den unterschiedlichen Produktionsweisen in Verbindung gebracht worden ist, und deshalb auch mit deren politischen, sozialen und kulturellen Rahmenbedingungen, die am Vorabend der britischen Industrialisierung in beiden Ländern gegeben waren. Das erscheint mir, ehrlich gesagt, auch naheliegender, als die Unterschiede oder doch wenigstens deren Bedeutung für die *Great Divergence* zu leugnen, wie es jetzt unter ›Californians‹ gang und gäbe ist.

Um herauszufinden, worin genau dieser Zusammenhang bestand, müssen wir auf die Erklärungen näher eingehen, die heutzutage für die Industrialisierung Großbritanniens und Westeuropas im Allgemeinen im 19. Jahrhundert geboten werden. Das klassische Erklärungsmodell, worin diese gewissermaßen eine Fortsetzung des Kapitalismus mit maschinellen Mitteln ist, hat immer bestimmte Standardzutaten gehabt, von denen man lange geglaubt hat, man könne sie einfach der britischen Geschichte entnehmen. Das war umso einfacher und, anscheinend, überzeugender, da die klassische Wirtschaftswissenschaft ziemlich unproblematisch erklären konnte, dass der Verlauf der britischen Geschichte und ihre Apotheose in der Industrialisierung letzten Endes ›logisch‹ waren. Dadurch wurden die britische Industrialisierung und

---

208 Für nähere Erläuterungen siehe Wrigley, *Continuity, chance and change.*

ihre Vorgeschichte, oder besser gesagt: eine bestimmte *Beschreibung* und *Interpretation* davon, zum Modell erhoben, mit dem Kapitalismus als zentralem Leitbegriff.

Dieser idealtypische Kapitalismus beinhaltete bestimmte Merkmale. Darüber waren sich die klassisch-liberale und ihr *ideologischer* Antipode, die klassisch-marxistische Wirtschaftslehre, einig. Das erste und essenzielle Merkmal sind klare Eigentumsverhältnisse – auch für Kapitalgüter, die unter kapitalistischen Verhältnissen *Privatbesitz* sein sollten. Für viele neoklassische und institutionelle Ökonomen sind solche Eigentumsverhältnisse das Alpha und Omega jeder wirtschaftlichen Entwicklung. Liegen sie vor, ergibt sich der Rest wie von selbst. Privatbesitz an Produktionsmitteln bedeutet Privatunternehmen. Auch dies ist unerlässlich im Kapitalismus. Das gilt natürlich auch für den ›Markt‹, auf dem Angebot und Nachfrage ohne Intervention im fairen Wettbewerb die Preise bestimmen. Ein solcher Markt kann nur effizient funktionieren, wenn eine sich immer weiter ausdehnende Kommodifizierung, eine immer umfangreichere Verwandlung von Gegenständen und Handlungen in ›Waren‹ mit einem Preis in Geld stattfindet. In marxistischen Analysen wurde und wird insbesondere der Kommodifizierung der Arbeitskraft Aufmerksamkeit gewidmet.

Dazu kommen spezifische zusätzliche Merkmale des *industriellen* Kapitalismus. Dieser ist symbolisiert durch Fabrik und Maschine und wird fast immer automatisch mit Großunternehmen assoziiert. Im kapitalistischen Wettbewerb ist rationales, wirtschaftliches Verhalten erforderlich. Laut der klassischen Kapitalismus-Auffassung wäre das ohne eine Trennung von Haushalt und Betrieb nicht möglich. Die anfangs in den kapitalistischen Industriegesellschaften noch stark präsenten Familienbetriebe würden – gemäß dieser Auffassung – zusehends an Relevanz verlieren und auf lange Sicht könnten sie sogar völlig verschwinden. Darüber waren sich Ökonomen ganz verschiedener Provenienz einig. In den sehr einflussreichen Arbeiten Alfred Chandlers wurden allgemeine Gesetze über die Entwicklung von Großunternehmen im Kapitalismus formuliert. Es hieß, ihnen gehöre die Zukunft.[209] In dieser Hinsicht ist die liberale Wirtschaftslehre immer sehr ambivalent gewesen. Auf der einen Seite erkannte sie die Existenz von Größenvorteilen in der Produktion, während sie auf der anderen Seite die daraus logisch folgende Herausbildung von Oligopolen und Monopolen mit dem Argument, fairer Wettbewerb wüsste dies stets zu verhindern, leugnete. Hier liegt ein Widerspruch vor. Auch Schumpeter war sicher nicht optimistisch bezüglich der Überlebenschancen von Familienunternehmen und eigentlich sogar von innovativen Unternehmen überhaupt. Auch er prophezeite den Aufstieg des Managers und der bürokratisierten Großfirma. In der marxistischen Wirtschaftstheorie wurde oft das Ende jeden Mittelstandes und jeder Mittelklasse angekündigt.

Obwohl es diesbezüglich auch Unterschiede zwischen ›links‹ und ›rechts‹ gegeben haben mag, so war der kleinbäuerliche Betrieb für beide der Inbegriff von Anachronismus innerhalb der sich modernisierenden Wirtschaft. In kapitalistischen Gesellschaften gab es ganz unterschiedliche Versuche, das Problem der Kleinbauern zu lösen: durch Flurbereinigung, die eine effizientere Betriebsgröße herbeiführen sollte, durch Spezialisierung auf preisstabilerc Produkte, durch die Einführung einer ›wissenschaftlichen‹ Landwirt-

---

209 Siehe zum Beispiel Alfred D. Chandler, Jr., *Scale and scope. The dynamics of industrial capitalism* (Cambridge Mass. und London 1990).

schaft, durch Subventionen und natürlich auch durch Maßnahmen, die es leichter machen, die Landwirtschaft zu verlassen. Auf der linken Seite stand die kommunistische Theorie dem kleinbäuerlichen Betrieb ausgesprochen feindlich gegenüber.[210] Man denke nur an die Arbeiten Lenins über die ›Agrarfrage‹ in Russland. Darin verurteilt er ununterbrochen die kleinbäuerliche Landwirtschaft und lobt die mechanisierte ›moderne‹ Landwirtschaft über den grünen Klee. So wie die Kleinbauern wurde der landwirtschaftliche Kleinbetrieb als hoffnungslos rückständig angesehen. Marx und Engels hatten im *Kommunistischen Manifest* schon auf den »Idiotismus des Landlebens« hingewiesen und angedeutet, die Bourgeoisie habe »einen bedeutenden Teil der Bevölkerung« daran »entrissen«.[211] Trotzki war der Meinung, je schneller »das Russland der Ikonen und Kakerlaken« reformiert und urbanisiert würde, desto besser.[212] Statt der vielen ineffizienten kleinen Familienhöfe brauche man »Nahrungs- und Faserfabriken«. Die Bolschewiken sahen es als Teil ihrer Mission, der rückständigen Welt der Kleinbauern ein Ende zu bereiten. Gerade weil sie viel nachholen mussten, litten sie unter einer bisher unbekannten Gigantomanie, in der ›big‹ ausnahmslos als ›beautiful‹ galt.[213] Es ist daher nicht verwunderlich, dass sich viele vom Taylorismus beeindrucken ließen.

---

210 Ich stütze mich hier auf die Analyse und die Quellen von James S. Scott, *Seeing like a state. How certain schemes to improve the human condition have failed* (New Haven und London 1998) Kapitel 5 und 6.

211 Karl Marx und Friedrich Engels, *Manifest der Kommunistischen Partei*. Ich zitiere aus *Marx-Engels Werke* (Berlin 1969) Band 4, S. 466.

212 Für dieses Zitat siehe Scott, *Seeing like a state*, S. 205.

213 Für den Begriff ›gigantomania‹ siehe Scott, *Seeing like a state*, S. 195 und S. 397, Fußnote 5. Er wurde in diesem Kontext ursprünglich verwendet in Sheila Fitzpatrick, *The Russian Revolution* (Oxford 1982) S. 119.

Die Geschichte, so meinten diese Theoretiker, gäbe ihnen recht. Marx' Interpretation der ersten Industriellen Revolution enthält alle klassischen Bestandteile einer wirtschaftlichen Modernisierungstheorie. Die Einhegungen, das Verschwinden der kleinen Bauern und ihre Proletarisierung sind zentrale Elemente in seiner Darstellung. Barrington Moore zieht in seiner sehr einflussreichen Analyse der Rolle der Grundbesitzer und Bauern bei der Entstehung der modernen Welt, in der er nicht nur den liberal-kapitalistischen, sondern auch den faschistischen und den kommunistischen Weg in die moderne Industriegesellschaft berücksichtigt, einen klaren Schluss. Was die Kleinbauern betrifft, so meint er unverblümt, dass es ihre wichtigste Rolle war, zu verschwinden.[214] In marxistisch beeinflussten Analysen zur Wirtschaftsgeschichte Chinas war andauernd von »Keimen des Kapitalismus« die Rede. Solche sah man immer dort, wo es große Betriebe und viel Lohnarbeit gab.[215] Die Dominanz des Kleinbauerntums galt als wichtiger Grund für Chinas stockende Modernisierung. In westlichen marxistischen Analysen dieser schleppenden Modernisierung, wie zum Beispiel jenen Robert Brenners und Christopher Issetts, ist das noch immer so.[216]

---

214 Barrington Moore Jr., *Soziale Ursprünge von Diktatur und Demokratie. Die Rolle der Grundbesitzer und Bauern bei der Entstehung der modernen Welt* (Frankfurt am Main 1969). Ursprünglich: *Social origins of dictatorship and democracy. Lord and peasant in the making of the modern world* (Boston 1966).

215 Siehe zum Beispiel Xu Dixin and Wu Chengming, *Chinese capitalism* oder auch Zhang Guotu, *Tea, silver, opium and war*, Kapitel 2.

216 Siehe für Literaturangaben in Anmerkung 225.

Die Tatsache, dass die Kommunisten in Russland und China, um nur diese Beispiele zu nennen, die Kleinbauern als gesellschaftliche Gruppe aktiv ›eliminieren‹ mussten, weist im Kontext meiner Analyse auf einen wichtigen Sachverhalt hin: Der Markt, den es in Russland und viel mehr noch in China sicher gab, führte anscheinend nicht notwendigerweise und auf jeden Fall nicht schnell, zur Auflösung des landwirtschaftlichen Kleinbetriebs. Es ist kein Zufall, dass Marx als Theoretiker so viel Probleme mit ›außereuropäischen Produktionsweisen‹ und mit dem Verhalten von Bauern und der Dynamik von Agrarwirtschaften im Allgemeinen hatte.[217]

Den klassischen Ideen über wirtschaftliche Entwicklung, inspiriert von Smith und Marx, lag lange Zeit mehr oder weniger explizit eine *Chronologie* von ›Produktionsweisen‹ zugrunde, die zugleich eine *Hierarchie* war. Kapitalistische Arbeitsverhältnisse galten *per definitionem* als effizienter als Sklaverei und Leibeigenschaft, die ihr, so wurde angenommen, vorangingen. Der Markt wurde primär als ein Mechanismus gesehen, der ›traditionelle Produktionsformen‹ auflöste. Sobald Bauern zu kleinen Warenproduzenten und Teil des Marktes wurden, reizt es sie angeblich, sich immer mehr auf diesen hin zu orientieren. Mit der Ausdehnung des Marktes konnten sie mittels Spezialisierung den Sprung vom ›peasant‹ zum ›farmer‹ machen.[218] Taten sie das *nicht*

---

217 Dass die Kleinbauern und die kleinbäuerliche Produktion in China nicht einfach freiwillig verschwinden würden, war Marx bewusst. Siehe zum Beispiel Karl Marx, *Capital. A critique of political economy* (Penguin Books London 1981) Introduced by Ernest Mandel and translated by David Fernbach, Volume 3, S. 452.

218 Siehe Jan de Vries, *The Dutch rural economy in the Golden Age 1500–1700* (New Haven 1974), für den Unterschied zwischen ›peasants‹ und spezialisierten ›farmers‹. Für eine interessante Debatte, an der auch Jan de Vries und Robert

und versuchten sie, den Markt und seine Risiken zu vermeiden, so entstand, je weniger eigenes Land sie hatten, zunehmend der Bedarf oder sogar die Notwendigkeit, ungenützte Arbeit der Familie zu verkaufen. Dies geschah oft, um die Familienwirtschaft zu *stärken* oder wenigsten weiterzuführen, konnte aber meistens nicht verhindern, dass man letzten Endes landlos wurde. Unter Wirtschaftswissenschaftlern war die Ansicht weit verbreitet, dass der Kleinbauer keine Überlebenschance hatte und – entweder über Spezialisierung und Marktorientierung oder über gewerbliche Nebenarbeit, die, wenn sie in großem Ausmaß ausgeübt wurde, nicht zufällig oft als ›Industrialisierung vor der Industrialisierung‹ oder ›Proto-Industrialisierung‹ bezeichnet wurde – verschwinden würde. Das unvermeidliche Ende konnte durch bäuerliche Selbstausbeutung nur in die Länge gezogen werden.

Der Familienbetrieb mit seinem Fokus auf Subsistenz wurde also als ein ineffizienter Anachronismus angesehen, der über kurz oder lang verschwinden würde. Wenn wir uns den chinesischen Fall ansehen, kommen wir aber nicht umhin festzustellen, dass Familienbetriebe in der Landwirtschaft oft sehr hohe Erträge produzierten und dass sie anscheinend sehr anpassungsfähig und zäh waren. Mark Elvin meinte, die chinesische Wirtschaft der Frühen Neuzeit befand sich in einer »high-level equilibrium trap«, einer Gleichgewichtsfalle auf hohem Niveau. Es handelte sich insofern um eine Falle, da man ohne grundlegende technische und gesellschaftliche Änderungen die Pro-Kopf-Produkti-

Brenner teilnahmen, siehe Peter Hoppenbrouwers und Jan Luiten van Zanden, Hg., *Peasants into farmers? The transformation of rural economy and society in the Low Countries (Middle Ages–19th century) in light of the Brenner Debate* (Turnhout Belgien 2001).

vität kaum noch erhöhen konnte. Diese Produktivität war aber, dank der differenzierten und flexiblen Produktion und den riesigen, effizienten Märkten, für vorindustrielle Verhältnisse schon außerordentlich hoch.[219]

Gemäß Elvins Analyse befand sich Chinas Wirtschaft schon seit der Song-Dynastie (907–1276) auf einem Weg, der auf diesem hohen Niveau der Produktivität nur in eine Sackgasse führen konnte, aus der es mit traditionellen Mitteln und aus eigener Kraft keinen Ausweg gab. Diese Analyse war sehr einflussreich. Chinas Wirtschaft unter den Qing (1644–1911) wurde von verschiedenen Experten wie folgt charakterisiert: »Wachstum ohne Entwicklung«[220], »extensives Wachstum ohne strukturelle Änderung«[221] und »quantitatives Wachstum, qualitativer Stillstand«.[222] Der Akzent liegt damit, ungeachtet aller Hinweise auf Wachstum, auf einem Prozess, der in der Fachliteratur ›Involution‹ genannt wird.[223] Diese Begriff wird verwendet, um eine Situation zu beschreiben, in der der Arbeitsaufwand weiterhin zunimmt, während die marginalen Kosten, sprich das Entgelt, das man für diese Mehrarbeit auf dem Markt *hätte* bekommen können, höher sind als die marginalen, das heißt die zusätzlichen Erträge. Man produziert so abnehmende Grenzerträge. Ein derartiges ›irrationales‹ Verhalten ist im Kontext eines Familienbetriebes, wo Arbeit frei zu Verfügung steht und man nicht für maximalen Profit, sondern für den eigenen Unterhalt arbeitet, verständlich.

---

219 Mark Elvin, *The pattern of the Chinese past* (Stanford 1973).

220 John Fairbank und Merle Goldman, *China. A new history. Enlarged Edition* (Cambridge Mass. und London 1998) Kapitel 8.

221 Gardella, *Harvesting mountains*, Kapitel 2.

222 Elvin, *Pattern of the Chinese past*, Kapitel 17.

223 Der Begriff wurde eingeführt von Clifford Geertz, *Agricultural involution: the process of ecological change in Indonesia* (Berkeley 1963).

Auf dem Wohlstandsniveau der meisten Kleinbauern sind alle Extraeinkünfte willkommen, wie hart und viel man dafür auch arbeiten muss. Die Arbeit wird von Familienmitgliedern, die ohnehin ›vorhanden‹ sind und die man nicht, wie Lohnarbeiter, nach Bedarf einstellen und wegschicken kann, geleistet.

Es ist vor allem Philip Huang, der dieses Konzept – mit eigenen Akzenten versehen – in einer Analyse der chinesischen Verhältnisse angewendet hat. Ich habe seine Definition hier übernommen.[224] Neomarxistische Autoren wie Robert Brenner und Christopher Isset schließen in ihren Analysen eng an ihn an. Nicht so sehr, *ob* es einen Markt gibt und *ob* Bauern in ihm involviert sind, ist in ihren Augen maßgeblich, sondern welche Eigentumsverhältnisse vorherrschen und im welchen Ausmaß Bauern imstande sind, Subsistenzmittel zu behalten, die es ihnen erlauben, mit ihrer Familie zwar in den Markt involviert zu sein – das sind alle Bauern; landwirtschaftliche Autarkie gibt es nicht, schon gar nicht in China mit seinen Tausenden von Marktplätzen –, nicht aber völlig von ihm *abhängig* und auf ihn *orientiert* zu sein.[225]

---

224 Siehe Huang, *The peasant economy and social change in North China,* wo auf Seite 8 die hier benutzte Definition steht; ders., *The peasant family and rural development in the Yangzi Delta*; ›Development or involution in eighteenth-century Britain and China‹, *Journal of Asian Studies* 61/2 (2002) S. 501–538; und ›Further thoughts on eighteenth-century Britain and China: a rejoinder to Pomeranz's response to my critique‹, *Journal of Asian Studies* 62/1 (2003) S. 156–167.

225 Robert Brenner und Christopher Mills Isett, ›England's divergence from Chinas Yangzi Delta: property relations, micro-economics, and patterns of development‹, *Journal of Asian Studies* 61/2 (2002) S. 609–662; Isett, *State, peasant, and merchant in Qing Manchuria.*

Aus dieser Perspektive löst der Markt den kleinen Familienbetrieb nicht notwendigerweise auf und werden die Bauern nicht notwendigerweise in Unternehmer oder Proletarier verwandelt. Ein Familienbetrieb, auch wenn er Produkte und Arbeit auf dem Markt anbietet oder kauft, braucht nicht so zu funktionieren wie ein »normaler« Betrieb in einer Marktwirtschaft. Es gibt dort andere Logiken und andere Möglichkeiten, meinen die Vertreter der Involutions-These. Aber auch klare Grenzen und *Unmöglichkeiten*. Meist wird in diesem Zusammenhang auf folgenden Merkmale hingewiesen: In kleinen Familienbetrieben ist keine oder bestenfalls nur sehr wenig Kapitalakkumulation möglich. Obwohl *innerhalb* der Familie sicher Spezialisierung stattfindet, vor allem zwischen den Geschlechtern, wird sie nicht leicht so weit geführt, dass sie die Produktion für den Lebensunterhalt gefährdet. Man traut sich nicht, sich völlig zu spezialisieren und alles, was man kaufen *könnte*, auch tatsächlich zu kaufen. Die Familienmitglieder nehmen allerhand Arbeiten auf sich, solange diese zumindest irgendetwas bringen. Größenvorteile werden so nicht erzielt. Die Betriebe erreichen nicht ihren wirtschaftlich optimalen Umfang; sie sind *zu* klein, um die vorhandene Arbeitskraft vollständig auszunutzen. Arbeit wird *in* der Familie festgehalten oder jedenfalls *für* die Familie genützt. Im chinesischen Kontext gab es, anders als in Westeuropa, kaum junge Leute vom Lande, die als Bedienstete, Haushaltspersonal, Lehrjungen, Gesellen usw. *vor* ihrer Heirat, die viel früher stattfand als in Westeuropa, herumzogen und für andere Leute arbeiteten. Man arbeitete fast ausschließlich innerhalb der Familie und deshalb auch unter Familiendisziplin. Arbeitskräfte wurden damit auch auf dem Lande fixiert. Der Anteil der Bevölkerung, der in Städten lebte,

blieb niedrig. Um 1800 lebten in China drei Prozent der Bevölkerung in Städten mit mehr als 10.000 Einwohnern. In
Westeuropa waren das damals zehn Prozent. In England
sogar ungefähr zwanzig, ungefähr zwölf allein in London.

Dies alles muss Konsequenzen gehabt haben für Umfang
und Zusammensetzung der Nachfrage. Die Arbeitsteilung
zwischen Stadt und Land, nach Smith und Marx von enormer Bedeutung, kann nur ziemlich unbedeutend gewesen
sein. Kleinbäuerliche Familien sind darauf bedacht, so wenig Konsumgüter wie möglich über einen Markt zu beziehen, jedenfalls im Vergleich zu »Farmern« und Proletariern.
Einen Großteil dessen, was sie benötigen, stellen sie selbst
her. Kapitalgüter kaufen sie kaum. Schon Wilhelm Wagner
bemerkte: »Die Gerätschaften des chinesischen Landwirtes
sind, was die Hausgeräte, die Fuhr-, Stall-, Scheunen-, Spei-
cher- und Ackergeräte als auch die Handwerkszeuge anbetrifft, sehr einfach, der Zahl nach sehr gering und meistens
aus Holz verfertigt.«[226] Als Lossing Buck im Rahmen seines
großen Forschungsprojektes in den 1920er-Jahren 2866 Bauernhöfe in sieben verschiedenen Provinzen, darunter zwei,
wo Betriebe überdurchschnittlich groß waren, untersuchte,
stellte sich heraus, dass Geräte nur 2,6 Prozent des Wertes
ihres Inventars darstellten und Vieh 3,7 Prozent.[227] Dies för-
dert die Entwicklung von Kapitalgütern und das Nachdenken über deren Weiterentwicklung und Verbesserung natürlich nicht besonders. Die Betriebe waren fast ausnahmslos
zu klein, um die Anwendung großer Geräte profitabel zu
machen, und in vielen Bereichen der gartenbauähnlichen

---

226 Wagner, *Die chinesische Landwirtschaft*, S. 634. Für ähnliche Kommentare siehe
     Wittfogel, *Wirtschaft und Gesellschaft Chinas*, S. 152–162.
227 Buck, *Chinese farm economy*, S. 66.

chinesischen Landwirtschaft konnte man sie ohnehin nicht effizient einsetzen.

Diejenigen, die behaupten, Chinas Wirtschaft sei in der Frühen Neuzeit auf eine falsche Spur geraten, finden leicht ›Tatsachen‹, die ihre Behauptungen unterstützen können. Das 19. Jahrhundert und die erste Hälfte des 20. Jahrhunderts waren in vielerlei Hinsicht eine katastrophale Periode in Chinas Geschichte. Der Export von gewerblichen Produkten, für die das Land weltweit berühmt gewesen war, wie Porzellan und Seidenstoffe, verlor sehr an Bedeutung. Die Baumwollspinnerei geriet in Schwierigkeiten. Nachdem es zunächst nach den Opium-Kriegen einen Aufschwung des Exportes gegeben hatte, nahm auch Chinas Zeit als wichtigster Tee-Exporteur der Welt ein Ende. Als Exporteur von Seide wurde Japan noch am Ende des Jahrhunderts viel erfolgreicher als China. Wer leugnen möchte, dass Chinas Wirtschaft, und vor allem die Landwirtschaft, involutionär war, sieht sich mit der Tatsache konfrontiert, dass China in dieser Periode als »Land der Hungersnöte«[228] bekannt wurde.

Revisionismus: Industrial Revolution, Industrious Revolution and developmental state

Die Auffassung, es gäbe verschiedene Produktionsweisen, die einander in einer gewissen Reihenfolge ablösen würden und in einer gewissen Hierarchie zueinander stünden, ist mittlerweile sehr infrage gestellt. Das trifft auch auf die Auffassung zu, dass während des Überganges zu einer industriellen Gesellschaft Produktivitätserhöhung und wirtschaftliches Wachstum am besten durch Produktion in großem Stil garantiert werden – in einer liberalen Sicht-

---

228 Walter H. Mallory, *China. Land of famine* (New York 1926).

weise in einem Kontext von freiem Wettbewerb, in einer sozialistischen durch zentrale Planung und Koordination. Man könnte auf mehrere Debatten hinweisen. Was die Hierarchie betrifft, stellt die unerwartet hohe Effektivität, Einträglichkeit und Lebensfähigkeit der Sklavenwirtschaften in den südlichen Vereinigten Staaten, wie Fogel und Engerman sie in *Time on the cross. The economics of American negro slavery* zeigen, ein interessantes Beispiel dar, das sowohl Anhänger von Smith als auch Marx überraschen müsste.[229]

Es würde zu weit führen, hier alle möglichen ›Produktionsweisen‹ zu analysieren. Ich werde mich auf jene Debatten hinsichtlich der Produktionsweisen beschränken, die sich damit beschäftigen, wieso Großbritannien im 19. Jahrhundert eine Industrialisierung vollzog und China nicht. Dabei muss sofort darauf hingewiesen werden, dass die Konzepte ›Industrielle Revolution‹, aber auch ›Proto-Industrialisierung‹ stark in die Kritik geraten sind, während Konzepte wie ›Industrious Revolution‹ (Revolution des Fleißes) und ›labour-intensive revolution‹ (Revolution der Arbeitsintensivierung) vermehrt Zuspruch finden.

Fangen wir mit der Relativierung der Industriellen Revolution in Großbritannien an. Es heißt nun, dass sie weder ein einheitlicher Prozess noch industriell oder revolutionär war. Die klassische Dampfmaschine-und-Fabriken-Interpretation ist inzwischen als ›totes Pferd‹ abgestempelt

229 Robert William Fogel und Stanley Engerman, *Time on the cross. The economics of American negro slavery* (Boston Mass. 1974).

worden[230] und gilt als ›Mythos‹ oder ›Märchen‹[231], und der
Begriff ›Industrielle Revolution‹ ist schon als ›unzutreffende
Bezeichnung‹ angesehen.[232] Empirische Studien der britischen Wirtschaftsgeschichte im sehr langen 18. Jahrhundert haben tatsächlich dem klassischen Bild viel von seiner
Überzeugungskraft genommen. Es hat sich herausgestellt,
dass diese ›Revolution‹ in Wahrheit ein ziemlich langsamer,
nicht so einschneidender Prozess war. Das Einkommen der
Briten scheint vor der Industrialisierung höher gewesen zu
sein als lange angenommen wurde. Die Wachstumsraten bis
in die 1850er-Jahre waren überraschend niedrig. Das Bruttosozialprodukt pro Kopf nahm bis in die 1850er-Jahre im
Durchschnitt pro Jahr um weniger als ein Prozent zu. Die
meisten Briten spürten bis dahin wahrscheinlich überhaupt
keine Verbesserung ihrer Lage. Die Periode 1750–1850, die
Zeitspanne, in der die erste Industrielle Revolution stets
lokalisiert wurde, wäre damit nicht die Geburtsstunde des
modernen, andauernden und substanziellen wirtschaftlichen
Wachstums. Neue Produktionsmethoden und Organisa-
tionsformen blieben jahrzehntelang nichts als Tropfen des
Wandels in einem Ozean der Kontinuität. Dampfmaschine
und Fabrik, Symbole der neuen industriellen Gesellschaft,
waren für die Gesamtwirtschaft viel weniger prägend, als
klassische Interpretationen der Industriellen Revolution
vermuten ließen. Der Anteil der Industriearbeiter an der be-

---

230 Eric Jones, *Growth recurring. Economic change in world history* (Oxford und
New York 1988) S. 20. Dort heißt es, die gängige Interpretation der Industriellen Revolution in Großbritannien sei »a dead horse that is not altogether
willing to lie down.«

231 M. Force, ›The myth of a British industrial revolution‹, *History* LXVI (1981) S.
181–198.

232 Rondo Cameron, *A concise economic history of the world from Palaeolithic times to
the present* (New York und Oxford 1989) S. 163–165.

rufstätigen Bevölkerung nahm in der Periode 1750–1850 viel weniger zu, als man erwarten dürfte. Im Nordosten Englands nahm der Anteil des sekundären Sektors an der gesamten erwerbstätigen Bevölkerung in der Zeitspanne 1760–1830 eher *ab* als *zu*. Zuwachs fand anderswo statt. Über das ganze Land besehen, wuchs der sekundäre Sektor zwischen 1500 und 1750 *mehr* als zwischen 1750 und 1850. Wirklich stark und andauernd wuchs vom Ende des 18. Jahrhunderts an der Dienstleistungssektor. 1750, noch bevor die Industrialisierung ihren Anfang genommen hatte, arbeitete weniger als die Hälfte der berufstätigen Briten in der Landwirtschaft. Die Proletarisierung der arbeitenden Klassen, die auch immer stark mit der Idee einer Industriellen Revolution verknüpft wurde, war schon *vor* der Industrialisierung weit vorangeschritten.[233]

Bezüglich der Energieversorgung hat sich noch klarer herausgestellt, dass Kohlen schon vor der Zeit der Industrialisierung in Großbritannien ein wichtiger Energieträger waren[234] und dass die traditionellen Energieträger, vor allem aber längeres und härteres Arbeiten einen substanziellen Beitrag zur Produktionserhöhung während dieser Industrialisierung geleistet haben. Die jährliche Arbeitszeit für die gesamte britische Arbeiterschaft während der Periode 1750–1830 nahm laut einer Schätzung um mindestens zwanzig Prozent zu. Wenn das Pro-Kopf-Einkommen überhaupt zunahm, so behauptet derjenige, von dem diese Schätzung stammt, war dies das Ergebnis zusätzlicher und harter Arbeit.[235] In letzter Zeit wird der Idee einer ›Industrious

---

233 Man siehe für Information die Website von Dr. Leigh Shaw-Taylor, insbesondere, *The occupational structure of Britain, c. 1379–1911*.

234 Warde, *Energy consumption in England & Wales*.

235 Hans-Joachim Voth, *Time and work in England, 1750-1830* (Oxford 2001) S. 130 und S. 270–271.

Revolution‹, einer Revolution des Fleißes, die in den Augen bestimmter Autoren die ›Industrial Revolution‹ sogar verdrängt, viel Aufmerksamkeit geschenkt.[236] Wenn ein Wirtschaftssektor mit der Industriellen Revolution assoziiert wurde, dann ist es die Produktion von Baumwollstoffen. Aber sogar in diesem Sektor arbeitete 1840 nur ein Zehntel aller Arbeiter in Fabriken mit mehr als hundert Beschäftigten. Mittel- und Kleinbetriebe verloren viel weniger an Bedeutung, als meistens angedeutet wurde. Auch die These, dass der Familienbetrieb in einer kapitalistischen industriellen Gesellschaft dem Wettbewerb mit großen, anonymen Firmen nicht standhalten könne und rasch verschwinden würde, erwies sich als voreilig. Er existiert bis heute und ist noch immer von außerordentlicher Bedeutung. Auch der traditionelle Fokus auf Massenproduktion erwies sich als übertrieben. Tatsächlich gab es viele Varianten von ›flexibler Produktion‹, und Massenproduktion war oft in eine Produktionskette mit kleinen Zulieferanten und Abnehmern eingebettet.[237] Kurz, es gab viel mehr Kontinuität, als der Ausdruck ›Industrielle Revolution‹ erwarten lässt.[238]

Der angenommene große Unterschied zwischen traditionellem Wirtschaftswachstum und modernem Wirtschaftswachstum, so wie es erst mit der Industrialisierung aufkam,

---

236 De Vries, *The Industrious Revolution*, insbesondere Kapitel 3. Dieser Begriff wurde in der westlichen Geschichtsschreibung durch seinen Aufsatz ›The Industrial Revolution and the Industrious Revolution‹, *Journal of Economic History* 54 (1994) S. 249–270, eingeführt.

237 Charles Sabel und Jonathan Zeitlin, Hg., *World of possibilities: flexibility and mass production in Western industrialization* (Cambridge 2002).

238 Siehe für den heutigen Stand der Debatten Roderick Floud und Paul Johnson Hg., *The Cambridge Economic History of Modern Britain. Volume I. Industrialisation, 1700–1860* (Cambridge 2004).

wird jetzt von verschiedenen Autoren stark relativiert.[239] Vieles, das stets mit Industrialisierung assoziiert wurde, gab es entweder schon vor der Industriellen Revolution oder es wurde erst nachher wirklich bedeutsam. Schließlich ist auch immer klarer geworden, dass Großbritanniens Industrialisierung nicht nur kein Modell für Industrialisierung schlechthin ist, sondern dass es sogar innerhalb Westeuropas im 19. Jahrhundert ganz verschiedene ›Industrialisierungen‹ gegeben hat, die letzten Endes nicht mehr als gewisse Innovationen im Bereich der Technik und der Energiebenutzung gemein hatten.[240]

Interessanterweise wird von der California School gleichzeitig aus einer globalgeschichtlichen Perspektive eine völlig konträre Interpretation der Industriellen Revolution befürwortet. Ich zitiere Peter Perdue, der behauptet, die Industrielle Revolution sei: »… nicht eine tiefe, langsame Jahrhunderte lange Evolution von Bedingungen, die einzigartig für Europa in der Frühen Neuzeit waren. Sie ist eine späte, schnelle, unerwartete Folge einer zufälligen Kombination von Geschehnissen im späten 18. Jahrhundert.« Fortführend meint er: »… akzeptable Erklärungen müssen eine globale Perspektive haben und viel Platz für kurzfristige Änderungen einräumen.«[241] Dies heißt, dass die Industrielle Revo-

---

239 Siehe zum Beispiel Jan de Vries und Ad van der Woude, *The first modern economy: success, failure and perseverance of the Dutch economy, 1500–1815* (Cambridge 1997), und Jan de Vries, ›Economic growth before and after the Industrial Revolution‹, in: Maarten Prak, Hg., *Early modern capitalism. Economic and social change in Europe, 1400–1800* (London 2001) S. 177–194.

240 Siehe zum Beispiel Rondo Cameron, ›A new view of European industrialization‹, *The Economic History Review* 38 (1985) S. 1–23, und Patrick K. O'Brien, ›Do we have a typology for the study of European industrialization in the XIXth century?‹, *Journal of European Economic History* 15 (1986) S. 291–333.

241 Peter C. Perdue, *China marches West. The Qing conquest of Central Eurasia* (Cambridge Mass. and London 2005) S. 537.

lution, obwohl sie nicht mehr britisch oder europäisch genannt werden darf, für die Californians noch immer als eine wirkliche Revolution gilt, die als Ursache der Great Divergence für die moderne Geschichte der ganzen Welt von ungeheurer Bedeutung gewesen ist.[242] Ich glaube, aus einer globalgeschichtlichen *longue durée*-Perspektive gesehen haben die Californians recht: Die erste Industrielle Revolution war in der Globalgeschichte eine Bruchstelle. Der These, dass sie Folge einer *zufälligen* Kombination von *nicht-einzigartigen* Bedingungen war, widersetze ich mich aber zunehmend.

Nicht nur das Konzept der ›Industriellen Revolution‹ ist zur Diskussion gestellt. Dies gilt auch für das Konzept ›Proto-Industrie‹. Die Sichtweise, dass die Verbreitung gewerblicher Produktion auf dem Lande in Westeuropa, vor allem in Form des Verlags, nicht nur eine Industrialisierung vor der Industrialisierung war, sondern diese auch *herbeigeführt* habe, findet kaum noch Anhänger.[243] Oft war sie eher eine Sackgasse, die zu Involution statt zu Industrialisierung führte. In Großbritannien sind nur vier von zehn wichtigen proto-industriellen Gegenden jemals industrialisiert worden. Was darüber hinaus gegen eine zu enge Verbindung von hausindustrieller Produktion aller Art und einer ›modernen‹, zentralisierten Industrialisierung spricht, ist die Tatsache, dass es außerhalb Europas viel Hausindustrie, wenn auch oft in anderen Varianten, gegeben hat, ohne dass dies zu einer Industrialisierung geführt hätte.

---

242 Siehe zum Beispiel Wong, *China transformed*, S. 279.

243 Für diese Sichtweise siehe zum Beispiel Franklin Mendels, ›Protoindustrialization. The first phase of the industrialisation process‹, *Journal of Economic History* 32 (1972) S. 241–261. Für nuanciertere Analysen siehe Sheilagh C. Ogilvie und Marcus Cerman, Hg., *European proto-industrialisation* (Cambridge 1996).

Auch was den institutionellen Rahmen, in der die Industrialisierung stattfand, betrifft, sind geläufige Theorien infrage gestellt. Die klassisch-liberale Interpretation, dass die Industrialisierung in Großbritannien letzten Endes Folge der dortigen Herausbildung eines freien Marktes war, ist in vielerlei Hinsicht kaum noch vertretbar. Das gilt auch für eher neomarxistische Interpretationen, die das Aufkommen der Industrie in Großbritannien *direkt* mit der Herausbildung des britischen Empire verknüpfen. In den heutigen Debatten kommt immer deutlicher eine Zwischenposition auf, in der nicht das Zurücktreten des Staates und die Herausbildung einer Marktwirtschaft betont werden, sondern die positive Rolle, das heißt positiv für die gesamtwirtschaftliche Entwicklung, von Interventionen und Lenkung vonseiten des Staates. Gängige Schlagwörter sind hier »fiskalischer Militärstaat«, Merkantilismus – ein Begriff, der nicht mehr nur negative Konnotationen hat – »infrastrukturell starker Staat« und »ghost acreage«.[244] Der aktiven Rolle des britischen Staates in der Förderung der Wirtschaft wird jetzt viel mehr Aufmerksamkeit gewidmet. Er erscheint in dieser Perspektive vor allem als ein, in einer etwas zu anachronistischen Terminologie, ›Entwicklungsstaat‹, das heißt ein Staat, der aktiv in die Wirtschaft eingreift, ohne diese zu verstaatlichen, und der systematisch versucht, wirtschaftlich

---

244 Für den ›fiscal-military state‹ verweise ich auf Brewer, *Sinews of power,* und O'Brien, ›Inseparable connections; für Merkantilismus auf Ashworth, *Customs and excise,* und David Ormrod, *The rise of commercial empires. England and the Netherlands in the Age of Mercantilism* (Cambridge 2003), und für Großbritannien als infrastrukturell starker Staat auf Mann, *The sources of social power.* Das Konzept ›ghost acreage‹ spielt eine zentrale Rolle in Pomeranz, *Great Divergence.* Man findet es aber schon in E. L. Jones, *The European Miracle. Environments, economies and geopolitics in the history of Europe and Asia* (Cambridge 1981), Kapitel 6. Der Leser findet dort eine ausführliche Erklärung.

und politisch Bedingungen herbeizuführen, die anhaltende wirtschaftliche Entwicklung ermöglichen. Seinen Ursprung hat dieser Begriff in Analysen der Wirtschaftsgeschichte Japans.[245] Jüngere Entwicklungen in den Wirtschaften Ostasiens werden sicherlich zu diesem Perspektivenwandel beigetragen haben.

Japans Industrialisierung war natürlich immer schon eine Herausforderung für Wirtschaftswissenschaftler und Wirtschaftshistoriker. Auch das Aufkommen der ›new industrialising countries‹ und der gegenwärtige Aufschwung Chinas und Indiens haben dem Denken über Industrialisierung wieder neue Anstöße gegeben. Über diesen asiatischen Weg wurden neben den Begriff ›Entwicklungsstaat‹ auch ein paar andere neue Begriffe in die Diskussion eingebracht. Der erste, der bereits erwähnt wurde, ist ›Industrious Revolution‹. Meistens wird er mit dem Namen Jan de Vries verbunden. Tatsächlich aber wurde er das erste Mal vom japanischen Historiker Akira Hayami in seiner Analyse der wirtschaftlichen Entwicklungen in Tokugawa-Japan (1603–1868) benutzt, um das dortige Wirtschaftswachstum, das durch erhöhten Arbeitseinsatz erzielt wurde, zu kennzeichnen.[246] Man begegnet ihm jetzt auch immer mehr in

---

245 Es gibt über diesen Typus von Staat sehr viel Literatur. Eine gute generelle Einführung bietet Meredith Woo-Cumings, Hg., *The developmental state* (Ithaca und London 1999). Für Historiker besonders interessant, da sie auch Beispiele aus der Frühen Neuzeit und dem 19. Jahrhundert analysieren, sind Weiss und Hobson, *States and economic development,* und Ha-Joon Chang, *Kicking away the ladder.*

246 Akira Hayami, ›A great transformation. Social and economic change in sixteenth- and seventeenth-century Japan‹, *Bonner Zeitschrift für Japanologie* 8 (1986) S. 3–13. Vgl. Akira Hayami, Osama Saito und Ronald P. Toby, Hg., *Emergence of economic society in Japan 1600–1859. The Economic History of Japan 1600–1990. Volume One* (Oxford 2004), insbesondere die Einführung.

Analysen der frühneuzeitlichen Geschichte Westeuropas. Pomeranz behauptet, diese ›Industrious Revolution‹ sei ein allgemein euroasiatisches Phänomen, und meint, dass de Vries' Darstellungen der Entwicklung in Westeuropa auch gut auf die entwickelten Regionen Chinas zutreffen würden. Eine wichtige Zutat der ›Industrious Revolution‹ bildet die immer weitere Ausdehnung der gewerblichen Produktion auf dem Lande. Diese sei laut Pomeranz gewissermaßen ein weltweites Phänomen. Auch in dieser Hinsicht seien sich China und Großbritannien sehr ähnlich.[247]

Ein anderes neues Konzept, der sogenannte »ostasiatische Entwicklungspfad«, wurde durch die Arbeiten des japanischen Historikers Kaoru Sugihara bekannt. Er verwendet es zur Beschreibung eines seines Erachtens, im Vergleich zu Westeuropa, typisch ostasiatischen Entwicklungsmodells. Die relevanten Merkmale sind eine relativ hohe Arbeitsintensität, eine relativ niedrige Anwendung von nicht-menschlichen Energieträgern und die Existenz vieler relativ kleiner Produktions- und Distributionseinheiten, die stark und direkt miteinander vernetzt sind. Es findet seine Basis in einem gewissen Typus von Landwirtschaft und einer gewissen Familienstruktur.[248] Entwicklung und Wachstum brauchen in diesem Modell nicht mit einem massiven und konzentrierten ›fordistischen‹ Einsatz von Arbeit, Kapital und Kapitalgütern, vor allem nicht im Dienstleistungssektor, verbunden zu sein. Gerade dort sind

---

247 Pomeranz, *Great Divergence*, S. 93–106.

248 Kaoru Sugihara, ›The East Asian path of economic development: a long-term perspective‹, in: Arrighi, Hamashita und Selden, *The resurgence of East Asia*, S. 78–123. Vgl. Kenneth Pomeranz, ›Is there an East Asian development path? Long-term comparisons, constraints, and continuities‹, *Journal of the Economic and Social History of the Orient* 44 (2001) S. 322–362.

Vernetzung und Flexibilität von ungeheurer Wichtigkeit, und gerade in dieser Hinsicht erwiesen und erweisen sich die Wirtschaften Ostasiens oft als sehr wettbewerbsfähig.[249] In gewisser Hinsicht ist der ostasiatische Pfad eine Erweiterung von Brays Modell der Reiswirtschaften. Beide sind als Alternativen zu westlichen Modellen konzipiert. Man kann sich aber auch hier fragen, ob es jemals einen einheitlichen, spezifisch westlichen Entwicklungspfad gegeben hat. Meine Antwort würde diesbezüglich nein lauten. Außerdem ist nicht klar, inwieweit das ostasiatische Modell tatsächlich weniger energieintensiv genannt werden kann. Wenn man sich für ›Ost‹ und ›West‹ den Verbrauch nicht-humaner Energie in Hinblick auf die effektiv erzeugten Einkommen anschaut, ist das Bild gar nicht so eindeutig. Es stellt sich jedenfalls nicht überzeugend klar heraus, dass Länder wie Japan und vor allem China relativ viel mit relativ wenig ›modernen‹ Energiequellen produzier(t)en.[250] Wie dem auch sei, auch Sugiharas Typologie gibt neue Anregungen, um weiter über Konzepte wie Entwicklung und Industrialisierung nachzudenken.

---

249 Gary Hamilton und Wei-an Chang, ›The importance of commerce in the organization of China's late-imperial economy‹, in: Arrighi, Hamashita und Selden, *The resurgence of East Asia*, S. 173–213.

250 Ich weise hier nur hin auf Ryoshin Minami, *Power revolution in the industrialization of Japan: 1885–1940* (Tokyo 1988), Introduction, vor allem S. 18–19; Joel Darmstadter, Joy Dunkerley, Jack Alterman, *How industrial societies use energy. A comparative analysis* (Baltimore und London 1977) S. 5; Peter J. Hugill, *World trade since 1431. Geography, technology and capitalism* (Baltimore und London 1993) S. 88–89, und auf *The Economist Pocket World in figures 2008 Edition* (London 2008), wo man effektives GDP und Energiekonsum aller Länder der Welt vergleichen kann.

Es hat sich also herausgestellt, dass 1) die Wirtschaftsgeschichte Großbritanniens am Vorabend und zur Zeit der
ersten Industriellen Revolution in vielerlei Hinsicht anders
verlaufen ist, als traditionelle Schilderungen des Zeitalters
sie darstellten; dass 2) auch in Ostasien Industrialisierung
möglich ist, und zwar anscheinend auf eine eigenständige
Art und Weise. Außerdem wurden Konzepte entwickelt,
mit denen man versucht, Unterschiede *und* Ähnlichkeiten
zwischen wirtschaftlichen Entwicklungen in Westeuropa und Ostasien neu zu interpretieren. Damit gibt es gute
Gründe, sich erneut zu fragen, in welcher Hinsicht Chinas
wirtschaftliche Entwicklung im sehr langen 18. Jahrhundert tatsächlich so anders war als die britische und in welcher Hinsicht sie tatsächlich weniger Aussichten auf Wirtschaftswachstum bot. War Qing-China wirklich arm und
befand es sich wirklich in einer involutionären Sackgasse?

Mitglieder der California School weisen die Charakte-
risierung von Chinas Wirtschaft als involutionär entschieden von der Hand. Pomeranz und Goldstone, zum Beispiel,
meinen, dass für das 18. Jahrhundert Huangs Charakteri-
sierung für die bestentwickelten Gegenden Chinas sicher
(noch?) nicht zutrifft.[251] Und wenn sie doch zuträfe, dann

---

251 Kenneth Pomeranz, ›Beyond the East-West binary: resituating development
   paths in the eighteenth-century world‹, *Journal of Asian Studies* 61/2 (2002) S.
   539–590, und ›Facts are stubborn things: a response to Philip Huang‹, *Journal
   of Asian Studies* 62/1 (2003) S. 167–181; Jack Goldstone, ›Missing the forest for
   the trees: a comparison of productivity in agriculture in pre-industrial England and imperial China‹, http://aghistory.ucdavis.edu/goldstone.pdf. Frank
   hingegen glaubt, dass China schon am Ende des 18. Jahrhunderts in eine
   ›Gleichgewichtsfalle auf hohem Niveau‹ geraten sei. Siehe Kapitel 6 seines
   Buches *ReOrient*.

hat dies anscheinend sehr lange *nicht* zu irgendeiner Form von Verelendung geführt. Pomeranz, Goldstone und andere Californians behaupten, die am höchsten entwickelten Regionen des Landes seien, bis zum Anfang des 19. Jahrhunderts, nicht ärmer gewesen als die am höchsten entwickelten Regionen Westeuropas. Wenn man verschiedenen Personen, die damals in China herumreisten, glauben darf, war die wirtschaftliche Lage Chinas sogar bis ins dritte Viertel des 19. Jahrhunderts oft noch ganz gut. Robert Fortune behauptete:

> Ich glaube wirklich, dass es in keinem Land der Welt weniger wirkliche Armut gibt als in China. Ich bezweifle, ob es irgendwo Leute gibt, die glücklicher sind als die chinesischen Bauern.[252]

Laut F. E. Forbes, ein Offizier der Royal Navy im Ruhestand, der von 1842 bis 1847 in China war, sind die Chinesen:

> … das zufriedenste, am besten gelaunte, bestgenährte, eifrigste, glücklichste Volk, dem ich in meinen sechzehn Jahren bei der Royal Navy und auf meinen Reisen in den meisten Teilen der Welt jemals begegnet bin.[253]

Verschiedene Historiker sind der Meinung, dass Pomeranz *cum suis* in ihren Analysen ein wenig zu optimistisch sind und kommen zu etwas vorsichtigeren Einschätzungen des Wohlstandes der Chinesen im langen 18. Jahrhundert. Aber

---

252 Zitiert in Moxham, *Tea. Addiction, exploitation and empire,* S. 111. Siehe für weitere Beispiele Murphey, *The outsiders,* Kapitel 9.
253 Murphey, *The outsiders,* S. 162–163.

auch in ihren Arbeiten ist der Unterschied im Wohlstand zwischen China und Großbritannien noch für die Zeit um 1750–1800 überraschend klein.[254] Was die positiven Augenzeugenberichte betrifft, so sind diese doch zu anekdotisch, um als Basis einer soliden Beurteilung dienen zu können. Sie machen außerdem oft auch einen ziemlich idealisierend gefärbten Eindruck.

Dass viel schiefging im China des neunzehnten Jahrhunderts und dass es ab 1850 bestimmt viel Armut und Hunger gab, lässt sich nicht leugnen. Man kann sich aber fragen, inwieweit dies Folge einer involutionären Dynamik in der Wirtschaft und malthusianischer Spannungen, das heißt Folge von ›Überbevölkerung‹, war oder eher andere Gründe gehabt hat. Neben innen- und außenpolitischen Gründen, die später kurz diskutiert werden, können hier auch klimatologische Verhältnisse eine Rolle gespielt haben.[255] Wie dem auch sei: Es wird also einerseits von vielen betont, dass Qing-China lange Zeit keineswegs arm war und lange Zeit nicht ärmer wurde und dass andererseits die wirtschaftlichen Probleme, die das Land letztendlich heimsuchten, nicht primär wirtschaftliche Ursachen hatten.

Auf der anderen Seite gibt es immer mehr Indizien, dass Großbritannien, wo man gemäß geläufiger wirtschaftsge-

---

254 Ich verweise hier auf die Aufsätze von Robert Allen u.a., Wages, prices, and living standards, 2005; Stephen Broadberry und Bishnupriya Gupta, Monetary and real aspects of the great divergence between Europe and Asia, 1500–1800, http://www.lse.ac.uk/collections/economicHistory/GEHN/GEHNConference7Papers.htm, auch aus 2005, und dieselben ›The early modern great divergence: wages, prices and economic development in Europe and Asia, 1500–1800‹, *Economic History Review* 59 (2006) 2–31. Für einen allgemeinen Überblick der Debatten verweise ich auf Robert C. Allen, Tommy Bengtsson und Martin Dribe, Hg., *Living standards in the past* (Oxford 2005).

255 Für einen kurzen Hinweis auf anderen Gründe siehe S. 158–159.

schichtlicher Interpretationen doch auf dem ›richtigen‹, nicht-involutionaren Weg war, in der Frühen Neuzeit eigentlich kaum wirtschaftliches Wachstum kannte. Eine Analyse der Entwicklung der Reallöhne von Bauarbeitern in London unterstützt eine solche Interpretation. Aufgrund der hier präsentierten Zahlen kann man auf jeden Fall *nicht* behaupten, dass das britische Modell dem chinesischen klar überlegen war. Die Tatsache, dass, wie wir in derselben Tabelle sehen, die Lage in Großbritannien sogar *besser* war als im Rest Europas, sollte jeden, der pauschale Geschichten von einem frühneuzeitlichen ›Aufstieg des Westens‹ erzählen möchte, zu gründlichem Nachdenken anregen.

Die Entwicklung der Reallöhne von Bauarbeitern in verschiedenen Teilen Europas 1500–1849. London 1500–1549 = 100.[256]

	1500-49	1659-99	1700-49	1750-99	1800-1849
Westeuropa					
London	100	96	110	99	98
Amsterdam	97	98	107	98	79
Antwerpen	98	88	92	88	82
Paris	62	60	56	51	65
Südeuropa	71	[52]	61	42	[30]
Zentral- und Osteuropa	74	66	58	55	48

In den zuverlässigen Daten zur wirtschaftlichen Lage in China während der Frühen Neuzeit finden sich keine Indizien, dass diese andauernd schlechter wurde. Im Gegenteil, sehr wahrscheinlich ging bis zur Wende vom 18. zum 19. Jahrhundert *der Trend* eher aufwärts. Was dies anbelangt, ist es für heutige Forscher nicht evident, dass von der Frühen

---

256 De Vries, *The Industrious Revolution*, S. 83.

Neuzeit her gesehen die Zukunft den Briten gehören würde und nicht den Chinesen. Die diesbezügliche Unklarheit spiegelt sich auch im Urteil der Zeitgenossen.

Wer die Leistungsfähigkeit der chinesischen ›Produktionsweise‹ im Vergleich zur britischen testen möchte, dem bietet der Zeitpunkt, als die beiden Mitte des 19. Jahrhunderts aufeinanderprallten und China ›geöffnet‹ wurde, einen guten Ansatzpunkt. Die offizielle marxistische Interpretation der Geschichte Chinas kommt nicht darum herum zu behaupten, dass die gewerbliche Produktion und letzten Endes auch die Teeproduktion des Landes der westlichen Konkurrenz nicht gewachsen waren und dass China in eine arme, noch rückständigere Semikolonie verwandelt wurde. Chinas Elend mit imperialistischen Interventionen zu verknüpfen hat für Kommunisten, Nationalisten und insbesondere für nationalistische Kommunisten natürlich seinen Reiz. Letzten Endes geriet China in dieser Sichtweise in Schwierigkeiten, weil es nicht wie der Westen modernisierte und industrialisierte und das, allem Anschein nach, auch nicht auf eigene Faust hätte schaffen können. Von daher lag der Schluss auf der Hand, dass das kaiserliche China rückständig gewesen sein musste.

Was sich aber bei einer empirischen Analyse der Entwicklungen seit der viel besprochenen ›Öffnung‹ herausstellt, ist wie *wenig* sie für Chinas Wirtschaft bedeutete. Der größte Teil der Wirtschaft wurde davon kaum berührt. Mit Ausnahme der sogenannten Vertragshäfen blieben die Ausländer aus dem Westen Außenseiter, marginale Spieler, deren wirtschaftlicher Einfluss beschränkt war.[257] Sie waren außerdem von sehr geringer Zahl. Macao nicht mitgezählt,

---

257 Murphey, *The outsiders.*

wohnten 1850 in ganz China nur 994 erwachsene Männer aus dem Westen.[258] Wir wiesen schon darauf hin, wie winzig Importe und Exporte blieben. Zusammen betrugen sie im 19. Jahrhundert niemals mehr als ein paar Prozent des Bruttosozialprodukts des Landes.

Im 19. Jahrhundert sah man eigentlich nur in Shanghai und der Mandschurei klare Ansätze zu einer wirtschaftlichen Modernisierung. 1930 waren noch immer sechzig bis siebzig Prozent des in China gekauften Tuches handgewebt und von Chinesen produziert. Importe von Tuch überstiegen niemals die 25-Prozent-Marke. Importiert wurde hauptsächlich Garn. Gesponnen wurde zwar weniger, gewoben aber mehr. Daneben gab es Importe von Zigaretten und Kerosin. Im Gewerbesektor fanden 1933 noch immer zwei Drittel der Produktion in Handarbeit statt und nur ein Drittel in Fabriken. Die Hälfte dieser Fabriken befand sich in Shanghai, ein Viertel in der Mandschurei. Die Zahl der Arbeiter in modernen Fabriken, in denen Maschinen benutzt wurden, lag in den 1930er-Jahren bei weniger als zwei Millionen der gesamten arbeitenden Bevölkerung von 300 Millionen.[259] Von der Gesamtbevölkerung waren noch immer fünfundsechzig Prozent in der Landwirtschaft beschäftigt. Brauchte China nicht zu industrialisieren?

Manche, wie Murphey und in gewisser Hinsicht auch Elvin, weisen diesbezüglich auf die enorme Flexibilität und Anpassungsfähigkeit der chinesischen Wirtschaft hin.[260] Damit wurden die Ausländer schon direkt im Bereich des Handels konfrontiert, wo die chinesische Netzwerk-

---

258 Morse, *The international relations of the Chinese empire*, S. 346.

259 Van Heek, *Westerse techniek en maatschappelijk leven in China*, S. 229.

260 Murphey, *The outsiders*, Kapitel 10. Für Elvin ist das in seine High-level equilibrium trap-These impliziert.

Wirtschaft, in der die Familie und persönliche Kontakte bestimmend waren, ihnen überhaupt keine Nischen ließ, in die sie sich hätten einfügen können. Der chinesische Markt war so dicht und effizient, dass er undurchdringlich war. Der Fernhandel lag in den Händen gut organisierter Netzwerke, die indirekt die Produktion lenkten, ohne sie selbst zu koordinieren, und die billige kleinbäuerliche Produktion und effiziente Vermarktung kombinierten, um die neu gebotenen Möglichkeiten des besseren Transports und des ausländischen Absatzes zu nutzen. Die kleinbäuerliche gewerbliche Produktion zeigte von jetzt an immer mehr Züge eines Verlagssystems.[261] Dieses System funktionierte so effizient, dass der Export von in China produzierten Baumwollstoffen nach 1870 stark anstieg.[262] Viele westliche Händler und Produzenten hegten stark überzogene Erwartungen, dass sich ihnen nach den Opiumkriegen ein riesiger Markt öffnen würde. Man nahm an, Manchesters gesamte Produktion würde nicht ausreichen, um die Nachfrage einer einzigen chinesischen Provinz zu befriedigen.[263] Diese Erwartungen wurden nicht erfüllt. Auch was die Teeproduktion und den Tee-Export betrifft, hatte die Öffnung Chinas für China lange überhaupt keine negativen Folgen. Teeproduktion und Tee-Export *stiegen* zunächst stark an.

China schien sich im Bereich der Warenproduktion zu behaupten. Ein gewisser W.H. Mitchell schrieb 1859, dass die Briten dabei waren, sich auf einen Wettbewerb mit der größten Wirtschaftsnation der Welt einzulassen, mit einem

---

261 Hamilton und Wei-an Chang, ›The importance of commerce‹.

262 Kang Chao, *The development of cotton textile production in China,* S. 173.

263 Dies war eine These von Sir Henry Pottinger, dem britischen Abgeordneten bei der Unterzeichnung des Vertrags von Nanking 1842. Siehe Kang Chao, *The development of cotton textile production in China,* S. 168.

Volk, dass schon Textilien produzierte, als die Briten noch in Schafsfellen herumliefen. Er warnte vor Optimismus.[264] Rhoads Murphey glaubt, chinesische Produkte waren bei gleichem oder sogar niedrigerem Preis einfach besser als jene aus dem Westen. Man brauchte die Ausländer nicht und sie waren auch keine Bedrohung.[265] Peter Perdue teilt diese Meinung und argumentiert, dass es nicht kulturelle Hindernisse oder gewisse Steuererhebungen waren, die China so lange vom Import ausländischer Güter abschirmten, sondern die Wettbewerbsfähigkeit der chinesischen Wirtschaft.[266] Mitchell nennt hier die kleinbäuerliche Produktionsweise als einen *Vorzug* der chinesischen Ökonomie: »Die schöne und einfache Sparsamkeit der Produktion der bäuerlichen Haushalte ... macht dieses System einfach uneinnehmbar für jeden ausländischen Konkurrenten.«[267] Chinas Wirtschaft war auch nicht statisch, so behauptet wenigstens Murphey: Wenn eine Innovation etwas nützte, wurde sie schnell übernommen. Oft war man allerdings nicht wirklich interessiert. Spekulation, Geldverleih und andere, mehr ›parasitäre‹ Formen der Kapitalanlage waren oft weniger risikoreich und brachten schnell einen höheren Ertrag als Investitionen in die Produktion.[268]

Auch die chinesische Landwirtschaft fand noch lange viele Befürworter, obwohl nicht immer ganz klar ist, ob man hier von der *Produktivität* des Systems oder vom *Fleiß* der Bauern

---

264 Peter C. Perdue, China in the early modern world. Shortcuts, myths and realities. Education about Asia <http://web.mit.edu/21h.504/www/china_emod.htm>, S. 9.

265 Murphey, *The outsiders*, S. 122.

266 Perdue, ›China in the early modern world‹, S. 9.

267 Perdue, ›China in the early modern world‹, S. 9.

268 Murphey, *The outsiders*, S. 190.

beeindruckt war. So beinhaltet Kings *Farmers of forty centuries* aus dem Jahr 1911 ein großes Lob der Sparsamkeit, der Effizienz und des Fleißes der Ostasiaten, welche er unaufhörlich mit dem ›unwirtschaftlichen‹, verschwenderischen Vorgehen in der westlichen Landwirtschaft vergleicht. In Ostasien – King schreibt über China und Japan – erlangte man die besten Resultate mit den einfachsten Mitteln. Alles werde restlos der Verwendung zugeführt und die Landwirtschaft sei wirklich nachhaltig, weil der Boden seine Fruchtbarkeit behalte.[269] Eine begeisterte Hymne auf den Kleinbetrieb wurde in *La cité Chinoise*, einem Buch von 1885 von Eugène Simon, der französischer Konsul in China war, angestimmt.[270] Ich führe nur zwei Zitate an. Im ersten lässt er die kleinbäuerliche Landwirtschaft Folgendes aussprechen:

Bedient euch meiner, und ich werde euch das Geheimnis verraten, weder eine Minute eurer Zeit, noch einen Zoll eures Bodens zu verlieren. Bedient euch meiner und ich schaffe euch den fünffachen Wert eures Geldes, ich vervielfache eure Ernte, und ihr werdet zehnmal billiger verkaufen können.[271]

Etwas weiter im Text kann man lesen:

Nie hat der Mensch glänzender Siege errungen … Nirgends sonst hat die Gesellschaft soviel für das Individuum getan.[272]

---

269 F.H. King, *Farmers of forty centuries* (New York 1911).

270 G. Eugène Simon, *La cité Chinoise* (Paris 1887). Das Buch ist auch auf Deutsch erschienen mit dem vielsagenden Titel, *Das Paradies der Arbeit. Ein Weg in eine deutsche Zukunft* (München 1920).

271 Simon, *Paradies der Arbeit*, S. 162.

272 Simon, *Paradies der Arbeit*, S. 166 ff.

All diese optimistischen Einschätzungen könnte man so verstehen, dass es China so gut ging, dass es (noch) keiner Modernisierung bedurfte.

Andere, vor allem westliche Unternehmer jener Zeit meinten, dass der geringe Erfolg der westlichen Unternehmer und Kaufleute, wenn es darum ging, die Wirtschaft Chinas ›peripher‹ zu machen, nicht auf eine mutmaßliche Stärke Chinas hinweist, sondern aus der Tatsache erklärt werden müsse, dass Ausländern einfach kein Zugang zu Chinas Märkten ermöglicht wurde. Sie wurden schlicht mit allen Mitteln ausgeschlossen und bekamen keine faire Chance. Sie waren in den Vertragshäfen ohne gute Sprach- oder Landeskenntnisse isoliert, hatten keine direkten Kontakte zu ihren Lieferanten und Kunden und waren völlig abhängig von chinesischen Mittelsmännern, denen es in erster Linie nicht um die Interessen der ›Barbaren‹, sondern um ihre eigenen Interessen und jene ihrer Landsleute ging. Murphey weist auch hierauf hin:

Die chinesische Gabe zur Zusammenarbeit stellt für den ausländischen Händler meist ein unüberwindbares Hindernis dar. Die Märkte werden von Zünften reguliert und kein einziger Chinese würde es wagen, sich deren Anordnungen zu widersetzen.[273]

Verschiedene Wettbewerbsstrategien

Nehmen wir an, es hätte nur fairen, offenen Wettbewerb gegeben und die Chinesen brauchten westliche Produkte und Dienste tatsächlich nicht, weil sie selbst ähnliche Produkte und Dienste anboten und das genau so gut und billig oder

---

273 Murphey, *The outsiders*, S. 193.

besser und billiger machten. Nehmen wir zudem an, dass Geschmäcker in der Entscheidung für oder gegen ausländische Produkte keine Rolle spielten. Das sind natürlich schon ziemlich viele Annahmen. *Wenn* sie zutreffen, würde das bedeuten, die chinesische Wirtschaft sei tatsächlich wettbewerbsfähig gewesen. Wie hatte sie in diesem Wettbewerb bestehen können? Welche Möglichkeiten gab es im 19. Jahrhundert, um der ersten industriellen Nation etwas entgegenzusetzen? Alice Amsden, Professorin für Politische Ökonomie am Massachusetts Institute of Technology, unterscheidet in ihrem Buch über den Aufstieg ›des Restes‹ mehrere Strategien.[274]

Eine davon kann man als die französische bezeichnen. Gemäß dieser Strategie überließ man die Massenproduktion von Massenkonsumgütern den Briten und konzentrierte sich auf die Herstellung von Qualitätsprodukten. Im Falle der Franzosen zum Beispiel hochwertige Kleidung, Schuhe, Lederwaren, Möbel, Juwelen und dergleichen. Sie nützten ihr handwerkliches Vermögen und konzentrierten sich auf gewisse Nischen und Produkte, in deren Herstellung sie, dank ihrer langen Tradition, einen *Wettbewerbsvorteil* hatten. Die Anwesenheit gewisser Rohstoffe kann das Fundament eines solchen Vorteils sein, wie man am Beispiel von Chinas Teemonopol sieht. Einen derartigen Vorteil muss man aber pflegen, wie das Verschwinden dieses Monopols und später der Verlust des chinesischen Tees an Wettbewerbsfähigkeit auf dem Weltmarkt zeigen. Im Bereich der gewerblichen Produktion könnte man behaupten, China hätte eine Nische in der Produktion grober Baumwollstoffe gefunden. Allerdings handelte es sich dabei nicht wirklich um einen Markt mit ›Zukunft‹.

---

274 Alice Amsden, *The rise of the ›rest‹. Challenges to the West from late-industrializing economies* (Oxford 2001).

Amsden weist auch auf eine andere Strategie hin, die sie aber als grundsätzlich anders *und* verfehlt betrachtet. Es ist die Strategie, die ihrer Ansicht nach in China, Indien und dem Osmanischen Reich meist gewählt wurde. Hier versuchte man mittels Senkung der Produktionskosten, wettbewerbsfähig zu bleiben. Das heißt mittels Preiswettbewerb. Das kann auf vielerlei Arten und Weisen geschehen: durch das Zahlen niedriger Löhne an die ›Arbeiter‹ oder das Zahlen niedrigerer Preise an die Lieferanten; durch ein Senken der Qualität der hergestellten Produkte; durch ein Erhöhen des Arbeitseinsatzes; durch das Akzeptieren niedriger Preise oder niedriger Profite; durch das Verlegen der Produktion in Regionen mit niedrigeren Kosten; das Produzieren von billigeren Gütern für arme Nischenmärkte usw. Bei dieser Strategie – die weder ›britisch‹ noch ›französisch‹ zu nennen ist – fehlen systematische Versuche, Produktqualität und Geschicklichkeit der Produzenten zu erhöhen. Weder Fähigkeiten noch Disziplin der Arbeitenden reichen für avancierte Formen produktiverer oder hochwertigerer Herstellung aus. Man sieht kaum Beispiele dafür, dass verbesserte Versionen von bestimmten Produkten auf den Markt gebracht wurden. Strukturelle, produktivitätserhöhende Innovationen sucht man in der Technik und in der Organisation des Produktionsprozesses vergebens. Es gibt einfach keine Innovationen.

Dies alles bedeutet nicht unbedingt, dass China arm war. Es bedeutet auch nicht unbedingt, dass kein Wachstum möglich war. Da haben Historiker der California School recht: Qing-China war ziemlich lange ziemlich reich und stagnierte ziemlich lange nicht. Es bedeutet nicht einmal unbedingt, dass man dem Wettbewerb mit industriell hergestellten Gütern nicht gewachsen gewesen wäre. Hier haben Autoren wie Murphey recht. Es bedeutet aber, dass Chinas Pfad der Intensivierung nicht nachhaltig war. Eine derartige Form von Selbstausbeutung führt letzten Endes zur Armut. Viele Textilarbeiter in China, Indien und dem Osmanischen Reich, die im 19. Jahrhundert den Kampf mit der Maschine aufnahmen, überlebten, wie Amsden schreibt, durch Verelendung und nicht durch Innovation.[275] Das Kapitel, in denen dies besprochen wird, ist nicht zufällig mit »Sinking behind«, sprich: »Im Rückstand versinken«, betitelt. Man sollte die Handwerksleute und ihren Kampf gegen die Maschine nicht romantisieren. Ihr Schicksal ist tragisch wie das der Handweber in Großbritannien während der Industrialisierung.[276] Eine Romantisierung der chinesischen ›Revolution des Fleißes‹, die eigentlich überhaupt keine Revolution, sondern deren Gegenteil war, gibt es sicher. Was, zum Beispiel, soll man von diesem Zitat Robert Fortunes halten?

Ich sah die Teepflücker auf all den Hügeln, auf denen Tee angepflanzt wurde. Sie machten einen glücklichen und zufriedenen Eindruck: sie erzählten Scherze und lachten vergnügt. Ein paar von ihnen sangen so fröhlich wie die Vögel in den alten Bäumen bei den Tempeln.[277]

Es gibt nur wenig Anblicke, die angenehmer sind als eine chinesische Familie im Landesinnern, die damit beschäftigt ist, Teeblätter zu sammeln oder die irgendeiner anderen landwirtschaftlichen Arbeit nachgeht. Da gibt es den

---

275 Amsden, *The rise of the ›rest‹*, S. 34.
276 Amsden, *The rise of the ›rest‹*, S. 50.
277 Robert Fortune, *A journey to the tea countries of China* (Elibron Classics 2005) S. 239. Ursprünglich 1852 erschienen.

alten Mann, der vielleicht der Großvater oder sogar der Urgroßvater ist und seinen Nachkommen wie ein Patriarch Anweisungen bei der Feldarbeit gibt. Viele von diesen sind noch jung oder in der Blüte ihrer Jahre, andere sind noch Kinder. Er aber steht in ihre Mitte, vom Alter gebeugt und doch zur Ehre der Nation der Chinesen; er wird immer von allen mit Stolz und Liebe angesehen. Ich glaube wirklich, dass nirgendwo auf der Welt die Leute auf dem Lande es besser haben als in Nordchina. Für sie ist harte Arbeit ein Vergnügen, weil die Früchte dieser Arbeit von ihnen selber genossen werden können und man die Peitsche des Unterdrückers weder spürt noch kennt.[278]

Auch »die schöne und einfache Sparsamkeit der Produktion der bäuerlichen Haushalte«, von der Mitchell schrieb, hört sich beinahe *zu* idyllisch an. Der Chinese, der kleinbetriebsmäßig produziert, so schreibt der schon erwähnte Simon,

… macht aus der Erde, was er will, er spielt mit dem Klima, für ihn zählt die Zeit nicht, er erfüllt den Raum, er hat das Gerät fast entbehrlich gemacht.

Zählte die Zeit wirklich nicht? Wäre es niemals angenehm geworden, ein Werkzeug zu haben, das einem die Arbeit erleichtern könnte? Auch wenn man Kings *Farmers of forty centuries* über die Bauern in Japan und China liest, stößt man auf Romantisierungstendenzen:

---

278 Robert Fortune, *Three years wanderings in the Northern Provinces of China including a visit to the tea, silk and cotton countries* (London 1847), zitiert in Mui und Mui, *The management of monopoly*, S. 4. Obwohl Fortune hier von Nordchina spricht, meint er, was wir heutzutage Zentral-China nennen würden.

Es ist für diese fleißigen Menschen eine goldene Regel –
und wenn sie nicht aus Gold ist, dann ist sie doch sicher un-
antastbar – dass immer wenn eine zusätzliche Stunde oder
einen extra Arbeitstag auch nur ein bisschen Ertrag einbrin-
gen kann [sic! Peer Vries], dieses extra an Arbeit geleistet
wird, und dass weder ein regnerischer Tag, noch brennende
Sonne Grund sein darf, die Pflicht nicht zu erfüllen oder
ihre Ausführung zu verschieben.[279]

Wir waren überrascht von den hohen Erträgen, die sie von
ihren Feldern holten und wirklich erstaunt über die Menge effizienter menschlicher Arbeit, die gut gelaunt [sic! Peer
Vries] für einen Tageslohn von fünf Cents und Verpflegung
oder fünfzehn Cents, in der Währung der Vereinigten Staaten, ohne Verpflegung, geleistet wurde.[280]

Man kann sich nicht immer dem Eindruck entziehen, dass
man hier mit einer Form von Orientalismus konfrontiert
wird, in der der fleißige, sparsame (arme!) Familienmensch
des Ostens dem faulern, verschwenderischen, individualis-
tischen (aber reicheren!) Einzelgänger des Westens entge-
gengesetzt wird.

Unterschiedliches Entwicklungspotenzial:
Chinas Sackgasse

Ein nüchterner Wirtschaftswissenschaftler würde wohl
ziemlich schnell fragen, was dieser Fleiß eigentlich gebracht
hat. Ist nicht der einzige Zweck und das einzige Ziel aller

---

279 King, *Farmers of forty centuries*, S. 13.
280 King, *Farmers of forty centuries*, S. 10.

Produktion der Konsum, wie Adam Smith betonte?[281] In dieser Hinsicht gibt es, so glaube ich, keinen Grund, die gewählte Strategie des erhöhten Arbeitseinsatzes als erfolgreich zu betrachten. Sie machte die Lage nicht *besser* und ließ auch nicht darauf hoffen, dass sie *sich bessern* würde. Wittfogel deutete treffend an, was hier passierte, als er bemerkte, dass die Textilindustrie bis zur jüngsten Zeit in China vor allem Hausindustrie war, weil der bäuerliche Kleinproduzent es, trotz des minimalen Lohnes, dennoch schaffte, die mit Lohnarbeitern betriebenen Manufakturen zu »unterhungern« [sic! Peer Vries].[282]

Vielleicht hielten die Chinesen tatsächlich stand. Aber sie bezahlten einen Preis. Laut Maddison war dies das Verhältnis zwischen den effektiven Bruttosozialprodukten pro Kopf im Vereinigten Königreich und in China:[283]

1820	3/1
1870	6/1
1913	9/1
1950	15/1

Die meisten Historiker, die momentan die Wirtschaft Chinas im 19. Jahrhundert untersuchen, halten wahrscheinlich die erste Zahl für zu hoch und meinen, ein durchschnittlicher Brite im Jahr 1820 war bedeutend weniger als dreimal so reich als ein durchschnittlicher Chinese. Die Divergenz, die sich im 19. Jahrhundert manifestierte, ist dann noch

---

281 Adam Smith, *An inquiry into the nature and causes of the wealth of nations* (Liberty Fund Edition; Indianapolis 1981, ursprünglich 1776) S. 660.

282 Wittfogel, *Wirtschaft und Gesellschaft*, S. 564–565.

283 Angus Maddison, *The world economy: a millennial perspective* (Paris 2001) S. 264.

größer, als es sich schon hier abzeichnet. Es wäre naiv und verfehlt, diese Kluft *nur* den unterschiedlichen Produktionsweisen der beiden Länder zuzuschreiben, aber es wäre noch naiver und verfehlter zu denken, sie hätten keine Rolle gespielt. Dafür war die Kluft einfach zu groß und zu strukturell.

Man könnte hier natürlich einwenden, dass an sich nichts ›falsch‹ war am chinesischen Pfad und dass er genau so dynamisch war und genau so viel Potenzial hatte wie der britische, der nur zufällig in einer Industrialisierung endete, wodurch sich plötzlich alle Parameter des Vergleichs zuungunsten Chinas änderten. Dies ist genau die Position der California School: *Vor* der *Great Divergence* waren sich die höchstentwickelten Wirtschaften der Welt erstaunlich ähnlich, und dass es zu dieser Divergenz kam, ist ziemlich zufällig und lässt sich nicht aus irgendeiner westlichen Ausnahmeposition und schon gar nicht aus einem strukturellen westlichen Vorsprung heraus erklären.

Ich halte diese Position, obwohl sie sehr populär geworden ist, für nicht überzeugend. Wer sich die Produktionsweisen Chinas und Großbritanniens in der Frühen Neuzeit genau ansieht, kann nur zum Schluss kommen, dass sie sich in vieler Hinsicht erstaunlich *unähnlich* waren und dass sie sich, was ich für noch wichtiger halte, auf ganz verschiedenen Gleisen befanden, wobei das chinesische Gleis letzten Endes *nur* zur Falle werden konnte. Damit meine ich *nicht*, dass die Industrialisierung in Großbritannien eine selbstverständliche oder sogar unvermeidliche Folge früherer Entwicklungen im Lande wäre. Sie war unerwartet, nicht vorhergesehen und erstaunlich. Ich meine nur, dass angesichts der Vorgeschichte und der Struktur der britischen Wirtschaft des 18. Jahrhunderts die Chance, dass ein Phänomen wie die erste Industrielle Revolution in Großbritannien stattfinden konnte, *viele Male* größer war als die Chance, dass dies in China passieren würde. Man sollte mehr auf unterschiedliche ›trajectories‹ – wie man auf Englisch sagen würde – achten und weniger auf Momentaufnahmen, mehr auf ›path-dependency‹ und weniger auf Kontingenz.[284] Schon *vor* der Industrialisierung befand sich die Wirtschaft Großbritanniens auf einem grundsätzlich anderen Pfad als die Chinas.

Die Chance, dass China die erste industrielle Nation der Welt geworden wäre, halte ich faktisch für fast null. Im Reich der Mitte fehlten zu viele Faktoren, die für einen Industrialisierungsprozess notwendig sind. Trotz aller Revisionen des klassischen Bildes der Industriellen Revolution lässt sich doch nicht leugnen, dass eine Industrialisierung ohne grundsätzliche Änderungen im Bereich der Energieanwendung nicht denkbar ist. Nichts weist darauf hin, dass man in China dabei war, Dampfmaschinen zu entwickeln, obwohl diese in Kohlen- und Kupferminen und in der Landbewässerung sehr nützlich gewesen wären. Auch wenn die theoretischen und praktischen Erkenntnisse, um solche Maschinen zu bauen und zu benützen, vorhanden gewesen wären – was ich nicht glaube[285] –, weist nichts darauf hin, dass man daran interessiert war. In Großbritannien gab es schon seit dem Ende des 17. Jahrhunderts Experimente mit und Verbesserungen von Dampfmaschinen. Das Land war schon lange auf einer energieintensiven Bahn und hatte ein

---

284 Siehe meinen Aufsatz, ›Are coal and colonies really crucial‹.

285 Ich stütze mich auf H. Floris Cohen, ›Inside Newcomen's fire engine, or: the Scientific Revolution and the rise of the modern world‹, *History of Technology* 25 (2004) S. 111–132, und Kent G. Deng, ›Why the Chinese failed to develop a steam engine‹, *History of Technology* 25 (2004) S. 151–171.

ganz anderes Energiesystem als China. Schon am Anfang des 18. Jahrhunderts wurde mehr als die Hälfte des gesamten Energieverbrauchs durch Kohle abgedeckt, die in oft großen, kapitalintensiven Minen gewonnen wurden.[286] China hatte Kohle, benützte sie in Produktionsprozessen mit der Zeit aber immer weniger statt mehr. Außerdem wurde die Kohle hier meist in kleinen Minen gewonnen.

In Britannien wurde die Bedeutung menschlicher Arbeit während der Frühen Neuzeit im Vergleich zur Rolle von Tieren, Wind, Wasser und Maschinen relativ eher geringer. In China kann man eher das umgekehrte Phänomen beobachten. Die wenigen Maschinen und Geräte, die in China in der Landwirtschaft und im Gewerbe benutzt wurden, waren fast immer klein, primitiv und aus Holz. Wenn es in dieser Hinsicht während des sehr langen 18. Jahrhunderts schon Änderungen gab, dann nur in dem Sinne, dass in gewissen Bereichen Maschinen und Geräte *weniger* komplex wurden und ihre Anwendung *weniger* wichtig. Die ohnehin schon geringe Bedeutung von Geräten aller Art nahm in China ab, und die Apparate passten sich der familialen Betriebsstruktur an, nicht diese den Apparaten.[287] Das Kostenverhältnis zwischen menschlicher Arbeit und Geräten war so beschaffen, dass das Einsparen menschlicher Arbeit nicht sehr sinnvoll war. Man sieht deshalb kaum noch Beispiele von technischer oder organisatorischer Innovation. In Großbritannien stieg schon vor und sicher auch während der Industrialisierung die Nachfrage nach gutem und billigem Eisen, das für Geräte und Maschinen benutzt wurde.

---

286 Warde, *Energy consumption in England and Scotland*, S. 69, Tabelle 4.
287 Man siehe für Beispiele Elvin, ›The high–level equilibrium trap‹, und Kang Chao, *The development of cotton textile production in China*.

Deren Herstellung und Benützung war in China viel weniger wichtig, und auch hier sehen wir eher eine Ab- als eine Zunahme. In all diesen Hinsichten könnte der Kontrast zu Großbritannien am Vorabend seiner Industrialisierung kaum größer sein.

Industrialisierung ganz ohne Fabriken, das heißt ohne Lohnarbeit und ohne eine gewisse Proletarisierung, erscheint mir undenkbar. Auch hier hatte Großbritannien sich schon vor seiner Industriellen Revolution weit mehr in Richtung[288] einer ›industriellen‹ Gesellschaft entwickelt als China, wo Lohnarbeit und Proletarisierung Ausnahmeerscheinungen waren und man auch viel weniger an eine Disziplinierung außerhalb der Familie gewohnt war. Ganz ohne große Produktionseinheiten jeglicher Art lässt sich eine industrielle Revolution ebenfalls nicht vorstellen. Auch hier war Britannien bereits in eine andere, entgegengesetzte Richtung unterwegs. Mit Sicherheit in der Landwirtschaft, wo die Betriebe, anders als in China, viel größer statt kleiner wurden, und auch im Verlagswesen. Ich möchte hier wieder auf die Bedeutung der Urbanisierung für wirtschaftliche Entwicklung hinweisen. Diese war in China in der Frühen Neuzeit nicht nur niedriger als in Großbritannien; sie nahm außerdem, anders als in Großbritannien, nicht zu, sondern ab. In Südchina lebten 1220 anscheinend einundzwanzig Prozent der Bevölkerung in Städten mit über 2.000 Einwohnern. 1800 waren es nur noch sieben Prozent.[289]

Darüber hinaus ist eine industrielle Revolution ohne wachsenden internationalen Handel schwer vorstellbar,

---

288 Ich möchte nochmals explizit darauf hinweisen, dass ich dies nicht teleologisch meine.

289 Kang Chao, *Man and land in Chinese history*, S. 60–63.

obwohl sicher nicht unmöglich. Auch in dieser Hinsicht scheint mir Großbritannien besser ›vorbereitet‹ gewesen zu sein als China. Das ist auch der Fall, wenn man sich die Organisation des britischen und des chinesischen Empires ansieht und die Wirtschaftspolitik der beiden Länder vergleicht. Was in China fehlte und in Großbritannien ganz prominent präsent war, ist eine systematische Unterstützung des nationalen Handels und des nationalen Gewerbes, Stichwort Merkantilismus.

Die Industrialisierung Britanniens war in vielerlei Hinsicht eine Fortsetzung eines Weges, auf dem sich die britische Wirtschaft bereits befand. Ich wiederhole: nicht eine unvermeidliche Fortsetzung, aber in gewissem Sinne doch ein Weiterführen einer bekannten Logik und ein Weitergehen auf einem zuvor eingeschlagenen Pfad. Für China hätte eine Industrialisierung zwischen 1750 und 1850 eine totale Umwälzung bedeutet, eine grundsätzliche und völlige Umorientierung.

Die unter ›Californians‹ populäre Ansicht, man könne die Great Divergence und damit die Industrialisierung im Prinzip durch den einfachen Zugang des Westens zu Kohle und Kolonien erklären, ist deshalb nicht überzeugend. Wenn dies bedeutet, dass China, hätte es ausreichend Kohle und Kolonien gehabt, auch schon in der Periode 1750–1850 industrialisiert worden wäre, dann ist diese These für mich nicht vertretbar. Jeder Modernisierer in China im 19. Jahrhundert, ja jeder Nachzügler in der Welt wusste, dass man viel mehr als nur Ressourcen braucht, um eine industrielle Wirtschaft aufzubauen und weiterzuentwickeln.

Es gibt nichtsdestoweniger mehrere Beispiele von Industrialisierung in Ländern, wo an sich die notwendigen Bedingungen *nicht* vorhanden waren, diese aber ›von oben‹ durch den Staat herbeigeführt wurden. In Japan, einer weiteren Reiswirtschaft mit involutionären Tendenzen – und zwar in gewisser Hinsicht noch mehr als China – sieht man schon während der Meiji-Herrschaft (1868–1911) eine starke Modernisierung und deutliche Anfänge einer Industrialisierung. Die Wichtigkeit des Staates im japanischen Industrialisierungsprozess lässt sich nur schwer leugnen.

Der Staat in China war im 19. Jahrhundert sehr schwach. Davor war er das eigentlich auch immer gewesen, aber damals bereitete das noch keine großen Probleme.[290] Im 19. Jahrhundert wurde er so schwach, dass er sogar das wenige, was klassische Liberale einem ›Nachtwächterstaat‹ zutrauen, oft nicht schaffte. Er verlor den Zugriff auf Teile des Landes, des Steuereinkommens und der Armee. Die Überdehnung des Reiches durch die großen Eroberungen im 18. Jahrhundert löste wachsenden Widerstand aus, vor allem unter der Bevölkerung am Rande des alten Reiches. Der umfangreichste und verheerendste der vielen Aufstände war der Taiping-Aufstand 1850–1864, der *mindestens* dreißig Millionen Menschen das Leben kostete und große Teile Chinas völlig verwüstete. Die Verteidigung des Landes gegen Übergriffe von außen war auch nicht besonders erfolgreich. Während China im 18. Jahrhundert noch eine imperialistische Macht war, wurde es jetzt immer mehr Opfer

---

290 Siehe für diese These mein Buch, *A world of striking differences. State and economy in Western Europe and China in the early modern era*, das 2009 erscheinen wird.

des Imperialismus anderer. Die Westmächte, Russland und Japan waren bestrebt, ihren Einfluss auszudehnen, und waren dabei erfolgreich. Bestimmte Teile des Reiches gingen ganz verloren, in anderen war der Staat nicht mehr wirklich souverän. Es wurden Kriege verloren, was zur Zahlung von Reparationen sowie vielen für China ungünstigen Bedingungen und Einschränkungen führte.

Auch die Effizienz des Staates nahm ab. Das zeigte sich in Problemen beim Wassermanagement, zum Beispiel im Befahrbarhalten des Kaiserlichen Kanals, in der Bekämpfung von Überschwemmungen und im allmählichen Zerfall des Systems der Getreidespeicher. Hinzu kam, dass China bis zum Anfang des 19. Jahrhunderts immer große Mengen Silber importiert hatte, aber in den 1820er-Jahren in eine Situation geriet, dass jedes Jahr große Mengen Silber das Land verließen. Mit diesem Silber wurde ein erheblicher Teil der Opiumimporte bezahlt. Die entstandene Silberknappheit führte dazu, dass Steuern, die in Silber gezahlt werden sollten, schwieriger aufgebracht werden konnten. Das sorgte wiederum für viel Unruhe und Zahlungsrückstände. Die Staatsfinanzen gerieten genauso in Unordnung wie das monetäre System. Die allgemeine politische, soziale und wirtschaftliche Lage wurde schlechter. Ein Blick in ein Handbuch über die Geschichte Chinas im 19. Jahrhundert genügt, um das zu erkennen.[291]

Der Staat wurde in China ›Teil des Problems‹.[292] Es fehlte eine kohärente, langfristige Strategie, um die Wirtschaft zu fördern. Hätte es sie gegeben, hätte man sie allerdings

---

291 Ich empfehle Sabine Dabringhaus, *Geschichte Chinas, 1279–1949* (München 2006).

292 Dwight H. Perkins, ›Government as an obstacle to industrialisation: the case of nineteenth-century China‹, *Journal of Economic History* 27 (1967) S. 478–492.

nicht realisieren können. Die »Selbststärkungs-Bewegung« erreichte ihre Ziele nicht.[293] Die Kombination von staatlichem Management und Privatunternehmen in der Wirtschaft funktioniert auch nicht gut. In verschiedenen Momenten war der geschwächte Staat jedoch noch immer stark genug, um ihm unangenehme Entwicklungen – und das konnten auch Modernisierungen sein – aufzuhalten.[294]

Schlussbemerkungen

Am Beispiel des Tees zeigen sich Kraft und Schwäche der chinesischen Produktionsweise und politischen Ökonomie. Die Kraft liegt deutlich in der Flexibilität und eine Zeit lang in den niedrigen Kosten. Mit zunehmendem Wettbewerb wurden aber die Schwächen immer klarer. Man war sich denen auch bewusst. Es wurde oft auf die Tatsache, dass vieles anderswo besser organisiert sei, hingewiesen. Es gab zu viele zu kleine Betriebe, die nicht zusammenarbeiteten und die keine gemeinsame Strategie entwickelten. Es kam keine systematische Qualitätskontrolle zustande. Tee von hoher Qualität wurde oft mit Tee von niedriger Qualität vermischt. Auch die mangelnde Standardisierung des Angebots war problematisch. Das erschwerte die Herausbildung von Marken und Werbung. Man konkurrierte untereinander und mit dem Ausland mittels Preisen. Die Personen, die in diesem Sektor tätig waren, hatten keine oder nur eine schlechte Ausbildung. Innovationen fanden nicht statt. Der Staat, der in Großbritannien auf vielerlei Weise den Teesektor unterstützt hatte, spielte in China vor und nach der

---

293 Für Erläuterungen siehe Dabringhaus, *Geschichte Chinas,* und die dort angegebene Literatur.

294 Alfred Feuerwerker, *China's early industrialization. Sheng Hsuan-Huai (1844–1916) and mandarin enterprise* (Cambridge 1958).

Öffnung kaum eine aktive und positive Rolle und war, wenn er das versuchte, meistens nicht sehr effektiv. Es gab keine systematische nationale Förderung.[295] Vergleichbare Probleme traten bei der Herstellung von Seide auf. Hier profitierte letzten Endes Japan, wo der Staat systematisch intervenierte – zum Beispiel in der Bekämpfung von Krankheiten unter den Raupen und durch das Bauen von Modellfabriken –, viel mehr von der wachsenden Nachfrage.[296] Betrachtet man, wie sehr die Produktion von Zucker auf Taiwan anstieg und modernisiert wurde, als diese Insel eine japanische Kolonie wurde, führt dies zur Erkenntnis, wie viel Unterschied der Staat machen kann.[297]

Anhand von Tee, so meine ich, kann man tatsächlich einen Einblick in Struktur und Verknüpfung zweier sehr verschiedener Ökonomien und ihrer Einbettung in verschiedene geografische, kulturelle, soziale und politische Kontexte bekommen. Kleine Tatsachen können herangezogen werden, um große, globale Themen aufzuzeigen. Man soll sie nur systematisch dazu nützen. Vieles ist noch ungeklärt oder nicht einmal diskutiert worden. Aber dies war eine Antrittsvorlesung, kein Abschied.

---

295 Für eine Analyse der Probleme und für Versuche, sie zu beseitigen, siehe zum Beispiel Gardella, *Harvesting mountains,* passim.

296 Li, *China's silk trade;* Federico, *Economic history of the silk industry.* Federico betont die Bedeutung des Staates weniger als Li, aber auch bei ihm wird klar, dass der Staat manches nachgelassen oder falsch gemacht hat.

297 Man siehe Sucheta Mazumdar, *Sugar and society,* Kapitel 7.

MATTHIAS MESSMER
CHINA
SCHAUPLÄTZE WEST-ÖSTLICHER
BEGEGNUNGEN

Entwickelt sich China zu einem das Abendland konkurrierenden Riesen mit Weltmachtstatus, oder bewegt es sich noch lange in kleinsten Schritten am beschwerlichen Pfad in Richtung Industrialisierung? Die Antwort ist ungewiss. Fest steht allerdings: Das China der Zukunft steht auf den Fundamenten des 20. Jahrhunderts! Bis 1949 wurde China im Bewusstsein des Westens wenig reflektiert. Opiumkrieg, Boxeraufstand, Missionswesen und das Leben in den Handelshäfen rückten später in den westlichen Blickwinkel, chinesische Quellen blieben vielfach verschlossen. Die schriftlichen Zeugnisse westlicher China-Reisender im 20. Jahrhundert, Revolutionspilger, Abenteurer, Journa-listen, Diplomaten, Forschungsreisende und jüdische Flüchtlinge aus Europa, relativieren in atmosphärischen Schilderungen ihrer Lebensumstände und ihrer politischen und kulturellen Netzwerke das jahrzehntelang verbreitete China-Bild – ein China, das nur aus seiner eigenen Geschichte zu begreifen ist.

2007, 659 S. 16 S. S/W- U. 8 S. FARB. ABB.
GB. 170 X 240 MM. | ISBN 978-3-205-77594-2

BÖHLAU VERLAG, WIESINGERSTRASSE 1, 1010 WIEN. T: +43(0)1 330 24 27-0
BOEHLAU@BOEHLAU.AT, WWW.BOEHLAU.AT | WIEN KÖLN WEIMAR

böhlau

MARTIN KRIEGER
TEE
EINE KULTURGESCHICHTE

Tee wandelte sich vom Kulturgetränk des vorchristlichen Chinas zu einem globalen Handelsgut. Martin Krieger verfolgt die wirtschaftliche Erfolgsgeschichte dieses zugleich alltäglichen wie faszinierenden Produkts. Er beleuchtet die Facetten der verschiedenen Teekulturen und erklärt die kolonialen und globalisierten Handels- und Arbeitsbeziehungen. Das Buch bietet sowohl Information wie Lesegenuss und wendet sich gleichermaßen an den interessierten Wissenschaftler wie an den kultivierten Teefreund.

2009. 291 S. MIT 4 KARTEN IM TEXT UND
4 S/W- UND 14 FARB. ABB. AUF 16 TAF. GB. MIT SU.
135 X 210 MM.
ISBN 978-3-412-20427-3

Eine literarische Teestunde mit dem Kieler Historiker Martin Krieger ist […] unbedingt empfehlenswert.
Frankfurter Allgemeine Zeitung

BÖHLAU VERLAG, URSULAPLATZ 1, 50668 KÖLN. T: +49(0)221 913 90-0
INFO@BOEHLAU.DE, WWW.BOEHLAU.DE | KÖLN WEIMAR WIEN